폭식 스스로 치료하기(원서 2판)

Getting Better Bite by Bite(2nd ed.)

폭식 스스로 치료하기 (원서 2판)
Getting Better Bite by Bite (2nd ed.)

신경성 폭식증, 폭식장애로 힘들어하는
여러분께 드리는 생존배낭

Ulrike Schmidt · Janet Treasure · June Alexander 공저

김율리 · 강희찬 공역

학지사

이 책이 나오는 데 있어서 자신들의 소중한 이야기와

회복을 위한 아이디어를 제공해 주신

우리의 환자들에게 감사드립니다.

역자 서문

최근 국내 대중매체에서 섭식장애 문제를 많이 다루지만, 뭔가 제대로 정보를 알려 준다기보다는 '저렇게 많이 먹는 사람도 있네.'라는 식의 섭식장애에 대한 대중의 호기심만을 자극하는 경우가 많습니다. 섭식장애와 관련된 비밀스러운 이야기들과 폭식증에 관한 오해, 잘못된 정보가 매우 많습니다. 우리나라의 경우 전문치료기관이 많지 않아서 이 병에 대해 제대로 된 치료를 받기가 어렵고, 가족들은 어떻게 도움을 줘야 할지 몰라 막막해합니다.

이 책은 런던 모즐리병원에서 폭식증 환자의 치료 매뉴얼로 출간되어 세계 각국에서 폭발적인 인기를 얻고 있는『Getting Better Bite by Bite (2nd ed.)』를 역자 자신들의 치료 경험을 반영하여 옮긴 것입니다. 서울백병원 섭식장애클리닉, 백상식이장애센터, 모즐리회복센터 등 섭식장애 전문치료기관들에서 이 책을 사용하고 있습니다. 이 책에는 이들 전문치료기관에서 다루는 섭식장애 치료와 관련된 핵심 주제가 집약되어 있습니다. 전 세계의 수많은 환자가 이 책을 읽으면서 치료에 참여하였습니다. 이들의 상당수가 이 책을 통해서 폭식 문제에 맞설 힘을 얻었고, 삶에 있어서 폭식과 연관되어 있는 다른 문제들을 인식하고 다루어 나갈 수 있게 되었습니다. 또 치료를 받고자 하는 마음이 확고하지 않았던 환자들도 이 책을 통해서 자신의 문제를 더 잘 이해할 수 있게 되었고, 치료를 시작해야 할지의 여부를 결정할 수 있게 되었습니다.

역자들은 그간 많은 환자와 함께했던 치료 경험을 토대로 이 책이 당신을 도와줄 것임을 확신합니다. 이 책은 당신이 회복으로의 여행을 하는 동안 길잡이가 되어 줄 것입니다. 회복을 향한 여행을 하는 것은 당신이지만 이 책이 여정에 필요한 지도가 되고, 여정에 도사리고 있는 위험과 어려움을 알려 줄 것입니다.

이 책을 길잡이로 지금부터 떠나게 될 회복으로의 여행을 성공적으로 마치시길 바랍니다.

2018년 8월

강희찬, 김율리 씀

저자 서문

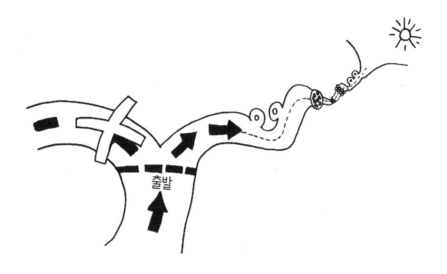

폭식 스스로 치료하기 책의 전 페이지에 걸쳐 가장 중요한 메시지는 '회복은 가능하다'는 것입니다. 이 책이 섭식장애로부터의 회복이 쉬운 척하는 것은 아닙니다. 회복에 필요한 기술과 지식으로 당신을 무장시켜서 가능한 한 순조롭고 보람 있는 회복의 여정을 돕고자 합니다.

폭식 스스로 치료하기는 신경성 폭식증(bulimia nervosa, 폭식에 동반한 구토나 하제 사용과 같은 폭식을 상쇄하고자 하는 보상행동이 있음)이나 폭식장애(binge eating disorder, 폭식은 있으나 보상행동은 거의 없음) 등의 섭식장애와 함께 사는 삶이 어떤 것인지를 보여 줍니다(책에서는 이 두 상태를 함께 '폭식증'으로 지칭하겠습니다). 섭식장애에 걸리기 전까지는 대부분의 사람들은 미디어나 인터넷을 통해 이 병에 대한 인상을 갖게 됩니다. 이

인상은 대개 이 병에 관한 진실과는 거리가 있습니다. 신경성 폭식증 또는 폭식장애는 매력적이지도 바람직하지도 않습니다. 사람들은 이 병에 대해 피상적으로만 알고 있으며, 아직 상당 부분이 알려져 있지 않습니다. 이 병의 원인, 건강에 미치는 위험, 치료에 관한 오개념이나 잘못된 정보가 많습니다. 환자가 전문적인 치료를 받을 수 없는 경우가 많고, 가족이나 친구들은 어떻게 환자를 도와야 할지 막막해하곤 합니다. 일부 치료자들조차도 이 병에 대해 이해하지 못하거나 잘 모르다 보니 섭식장애 환자에게 공감해 주지 못함으로써 환자가 이 병을 자신의 탓으로 여기게끔 하여 환자의 죄책감, 수치스러움, 외로움을 가중시킵니다.

원래 이 책은 런던 모즐리병원에 내원한 섭식장애 환자들의 치료 매뉴얼로 쓰였습니다. 환자들이 이 매뉴얼에 담기길 원한 것은 자신이 겪고 있는 병에 대한 정보와 어떻게 하면 이겨 낼 수 있는지에 관한 실질적인 조언이었습니다. 이에 따라 쓰인 **폭식 스스로 치료하기**는 영국 국립보건임상연구원(National Institute of Health and Care Excellence: NICE)[1] 가이드라인에서 폭식증 치료에 가장 효과적이라고 권장하는 인지행동치료의 핵심이 농축된 책입니다. 게다가 이 책에는 NICE 가이드라인에서 문제 행동을 성공적으로 변화시킬 수 있는 행동변화 방법[2]으로 권장하는 근거기반 전략(evidence-based strategy)들이 포함되어 있습니다.

폭식 스스로 치료하기는 다음 측면에서 특징적입니다. 이 책은 독자에게 회복의 동기를 부여하고 자신의 변화 능력에 대한 믿음을 갖게 하는 것에 초점을 두고 있습니다. 섭식장애에 흔히 동반되는 문제를 다루는 전략적인 방법들을 알려 주며, 읽기 쉬운 대화체의 문체를 가지고 있습니다.[3] 이 책의 1판은 1993년에 출판되었는데, 유럽, 호주, 미국뿐 아니라 한국, 일본 등에서까지 수많은 섭식장애 환자의 회복을 도와주었습니다. 이 책을 읽은 많은 독자가 우리에게 편지를 보내 자신의 회복 이야기를 알려 주고 피드백을 주었습니다. 많은 사람이 이 책을 통해 섭식 문제에 맞설 힘을 얻게 되었으며, 삶의 다른 문제들까지 다룰 수 있게 되었습니다. 무엇이 문제인지 몰라 혼란스러웠던 사람들은 이 책을 통해 정보를 얻고 문제를 이해하게 되어 치료를 받을지 결정할 수 있게 되었습니다.

폭식 스스로 이용하기의 효과를 평가한 임상시험 결과 상당수의 환자들이 섭식장애로부터 완전하고 지속적으로 회복되었으며, 치료자의 지지와 안내를 받아 이 책을 활용해서 진행한 수 회기의 단기 인지행동치료가 장기간에 걸친 대면 인지행동치료만큼 효과적일 뿐 아니라, 대면 인지행동치료보다 더 오랫동안 치료 효과가 지속되었음이 입증되었습니다.[4]

장기 대면 인지행동치료의 특징은 사례구조화인데, 구성한 사례구조화에 맞게끔 환자의 문제점들이 일관되게 표현된다면 환자를 이해하고 치료계획을 수립하는 데 매우 도움이 됩니다. 그러나 사례구조화가 지나치게 복잡하거나 지나치게 간단할 경우, 혹은 환자를 이러한 사례구조화에 끼워 맞춘 느낌일 경우에 이러한 접근은 환자의 핵심 문제를 비껴 갈 수 있습니다. 연구 결과에 따르면, 치료자들은 사례구조화를 만들어 이해하길 좋아하지만 이런 방법이 환자의 어려움을 극복하는 데 실질적으로 얼마나 도움이 될지, 얼마나 필수적인지는 불확실합니다.[5] 그래서 **폭식 스스로 치료하기**에는 이러한 사례구조화를 담지 않기로 결정했습니다. 대신 문제 중심의 해결적 접근을 선택함으로써 각 장에서 섭식장애의 대부분 또는 특정 상황에 해당하는 사람들이 대처방법을 배울 수 있도록 했습니다.

폭식 스스로 치료하기는 회복의 여정을 떠나는 당신을 도울 것입니다.

당신은 자신을 변화시키는 여정을 떠나고, 우리는 당신을 지원하는 승무원이 될 것입니다. 우리는 당신이 계획을 세우고, 준비하고, 목적지를 향해 여행하는 동안 곁에 있을 것입니다. 이 책은 지도가 되어 위험한 지역이나 길에서 나타나는 생각하지 못한 함정을 알려 줄 것입니다. 중요한 것은, 피할 수 없는 이 여정을 극복하는 방법을 당신이 찾을 수 있도록 우리가 도울 것이라는 점입니다. 아무리 큰 방해물이 있더라도 당신이 그 주변에서 길을 찾을 수 있도록 우리가 도울 것이며, 회복에 도달하도록 함께 노력할 것입니다. 기억하세요. 어떤 상황에서도 해결책은 있습니다.

당신은 익숙했던 섭식장애라는 안식처를 벗어나는 것에 대한 아쉬움, 두려움, 희망 등으로 복잡한 심정일 것입니다. 곳곳에 외면하고 싶은 위험이 도사리고 있음을 알고 있으며, 지금까진 이러한 위험을 느끼지 못하도록 연막을 친 상태로 살아왔을 수 있습니다. 당신은 폭식장애나 신경성 폭식증을 이용해 그동안 가려 두었던 것에 새로이 접근하는 것이 두려울 수 있습니다. 이 책은 앞서 회복의 여정을 떠났던 사람들의 이야기입니다. 이제 그들이 당신 곁에서 함께 여행하며 친구가 되어 외로움을 덜어 줄 것입니다.

이 책은 치료의 여정에서 휘말리게 되는 자기패배적 사고에 빠지지 않도록 도와줄 겁니다. 이 책에는 당신이 안전하게 회복의 여정을 할 수 있게 하는 필수 도구가 들어 있습니다. 지금까지 폭식장애나 신경성 폭식증을 통해 얻었던 짧은 만족, 그러나 나중에는 필연적으로 실패로 찾아오는 결과를 반복해 왔던 당신의 어두웠던 앞길에 불을 밝힐 것입니다. **폭식 스스로 치료하기**는 당신의 앞날을 안전하고, 믿을 수 있고, 장기적으로 대체할 수 있는 길로 바꾸어 놓을 것입니다.

이 책을 통해 당신의 앞길에 있을 방해물을 예측하고 뛰어넘을 수 있도록 미리 준비할 수 있습니다. 운동을 시작하는 초기에 근육통을 느끼듯이 처음에는 조금 불편을 느낄 수도 있지만 시간이 지나면서 더 강하고 튼튼해질 것입니다.

모든 사람이 처음부터 성공적인 여행을 하는 것은 아닙니다. 때로는 원점으로 돌아가기도 하고 재발도 경험합니다. 하지만 이런 과정을 통해 배울 수 있기 때문에 희망이 있습니다. 어떤 사람은 변화의 과정에서 시간이 걸리고 힘도 들고 목표에 도달하기까지 여러 차례 재도전을 하는 반면, 좀 더 쉽게 목표에 도달하는 사람도 있습니다.

치료를 제대로 받았을 때 신경성 폭식증이나 폭식장애로부터 회복에 걸리는 기간은 단순한 증상의 경우 평균 3개월이지만 병이 오래되거나 합병증이 있는 경우는 시간이 더 걸리는 등 사람마다 다릅니다. 회복 후에도 몇 년간은 당신의 삶이 섭식장애에 흔들리지 않고 잘 지켜지는지 전문가에게 정기적으로 점검을 받는 것이 필요합니다.

혹시 '난 안 돼. 온갖 방법을 다 해 봤어. 내 문제는 너무 심해. 다른 사람의 도움이 필요해.'라고 느낄지 모릅니다. 하지만 어떤 치료든 당신이 적극적으로 참여할 때만 효과가 있습니다. 더 노력할수록 당신의 진정한 자기는 더 강건해지고 힘이 생길 것입니다. 지금 바로 시작한다면 더 좋습니다. 우리는 **폭식 스스로 치료하기**를 읽었다고 문제가 갑자기 개선될 것이라고 기대하지는 않습니다. 그러나 엉망인 식습관을 고치기로 결심했다는 것만으로도 당신은 회복 여행의 중요한 첫발을 내딛은 것이고, 해방감과 자부심을 가지게 될 것입니다.

주의할 점

●

가족이나 연인 등은 섭식장애 환자에게 문제를 고치기 위해 노력하라고 설득합니다. 이 책은 **당신**이 진정 **당신 자신**을 위해 좋아지려고 할 때만 도와줄 수 있습니다. 당신이 변화를 위한 준비가 되지 않았거나, 누군가를 기쁘게 하고자 바뀌려 한다면 **폭식 스스로 치료하기**는 큰 도움을 주지 못합니다. 회복 여행을 수행할 준비가 얼마나 되었는지를 알고자 한다면 1장의 손익계산서를 작성한 다음, 메모를 가방이나 휴대전화에 항상 지니면서 어디를 가든지 읽어 보세요.

당신은 앞으로 몇 주에 걸쳐 힘든 일들을 수행해야 할 것입니다. 좋아지기로 결심했다 하더라도 그 마음이 흔들릴 수도 있습니다. 여기에 대처하는 가장 좋은 방법은 지나간 날에 얽매이지 말고 그날그날에 최선을 다하는 것입니다.

당신은 이 책도 폭식하듯 읽어 치우고 싶은 충동을 느낄지 모릅니다. 이 책을 빨리 읽어 버리고 나서는 "다 아는 내용이야."라면서 방구석으로 던져 버릴 수도 있습니다. 이게 바로 섭식장애가 당신에게 원하는 것입니다. 자신에게 솔직해지고 마음의 소리에 귀를 기울이세요. 이 책의 한 장 한 장을 천천히 흡수하고 소화시키세요.

이 책이 도움을 줄 수 있는 것과 없는 것

●

폭식 스스로 치료하기가 당신을 저절로 완치시킬 수는 없지만, 섭식장애에 대처하는 기술을 가르쳐 줌으로써 당신의 삶이 더 이상 섭식장애에 지배당하지 않게 도울 수 있습니다. 일단 당신이 비정상적인 식습관을 다루어 나갈 수 있게 된 다음에는 그동안 수면 아래에 감춰져 있던 이 병의 원인들이 명확히 드러나게 되어 이런 원인에 대해서 치료를 받을지의 여부를 스스로 결정하는 것이 훨씬 쉬워질 것입니다.

보충자료

1. National Institute of Health and Care Excellence, 2004. Eating Disorders: Core Interventions in the Treatment and management of anorexia nervosa, bulimia nervosa and related disorders. http://guidance.nice.org.uk/CG9

2. National Institute of Health and Care Excellence, 2014. Behaviour Change: Individual Approaches (PH49). http://guidance.nice.org.uk/PH49

3. 신경성 폭식증의 치료에 널리 사용되는 여섯 종류의 자가 인지행동치료법을 비교한 결과, **폭식 스스로 치료하기**가 가장 이해하기 쉽고 구체적인 책으로 판명되었습니다[Musiat, P., & Schmidt, U., 2010. Chapter in Agras, W. S. (Ed.) *The Oxford Handbook of Eating Disorders*. Oxford Library of Psychology].

4. 영국 및 다국적 연구에서 **폭식 스스로 치료하기**에 대한 7개의 임상시험이 있었습니다. 임상시험 결과, 치료자의 안내를 받아 **폭식 스스로 치료하기**를 활용한 치료법(8회기)이 대면 인지치료법(16~20회기)과 효과가 동일했습니다[Thiels, C., et al., *American Journal of Psychiatry*, 1998; 155: 947-953; Treasure, J., et al., *British Journal of Psychiatry*, 1996; 168: 94-98; Treasure, J., et al., *British*

저자 서문

Medical Journal, 1994; 308(6930): 686–689]. **폭식 스스로 치료하기**를 전문가의 안내에 따라 시행하는 경우 집단 인지행동치료보다 효과가 우수한 것으로 나타났습니다(Bailer, U., et al., *International Journal of Eating Disorders*, 2004; 35: 522–537). 오스트리아에서 수행된 **폭식 스스로 치료하기**를 활용한 자가치료의 임상시험 결과, 인터넷 기반의 인지행동치료와 동등한 효과가 있었습니다(Wagner, G., et al., *British Journal of Psychiatry*, 2013; 202: 135–141). 또 다른 임상시험에서 폭식증에 관한 책을 이용한 자가치료는 전문가의 적절한 안내나 투약을 병행한다면 장기적으로는 대면 인지행동치료보다 효과가 있음이 입증되었습니다(Mitchell, J. E., et al., *British Journal of Psychiatry*, 2011; 198: 391–397). 이러한 임상시험 결과, 자신의 내적 자원을 움직이고, 스스로가 무엇을 할 수 있을지에 관해 생각하는 것이 타인(즉, 치료자의 일방적 지시)이 답을 줄 것이라고 기다리는 것보다 도움이 되기 때문입니다.

마지막으로, 저자들과 다른 연구자들은 **폭식 스스로 치료하기**를 이용한 치료에서 각 장에 나온 과제를 실천하는 것이 단지 이 책을 읽기만 하는 것에 비해 훨씬 좋은 성과를 도출한다는 것을 발견했습니다(Beintner, I., et al., *Clinical Psychology Review*, 2014; 34(2): 158–176). 이는 분명하면서도 정말 중요합니다.

5. Wilson, G. T. *Behaviour Research and Therapy*, 1996 Apr; 34: 295–314; Moorey, S. *Journal of Cognitive Behavioral Psychotherapies*, 2010 Mar; 38(2): 173–184.

차례

18

1장.
앞으로 갈 길

내가 폭식증인가요

●

과식하고 나서 괴로워하는 사람들을 지칭하는 많은 표현이 있습니다. 신경성 폭식증, 폭식장애, 섭식장애, 야식증후군, 음식 중독 등……. 이런 표현들은 서로 놀랄 만큼 중첩된 표현들입니다. 과식 문제는 어떤 체중에서도, 즉 마른 사람, 보통 체중을 가진 사람, 뚱뚱한 사람 모두에게 있을 수 있습니다. 이 책은 이 모든 사람들을 위해서 쓰였습니다. 자신이 폭식증에 해당하는지 잘 모르겠다면 〈표 1-1〉의 질문에 점수를 매겨 보세요.

당신의 폭식 심각도 지표가 5점 이상이면, 현재 섭식장애일 가능성이 높습니다.

당신의 폭식 증상 점수가 15점 이상이면 섭식장애에 관련된 생각과 태도가 상당히 많고 이로 인해 명백히 고통을 겪고 있는 경우입니다.

이 책을 어떻게 활용할 것인가

●

많은 사람처럼 당신도 책을 대충 훑어본 후 끌리는 제목을 골라 뒤에서부터 혹은 중간부터 읽기 시작하는 습관이 있을 수 있습니다. 이 책을 그렇게 사용하는 것을 말릴 수는 없지만, 책을 읽기 시작하기 전에 꼭 알아야 할 것이 있습니다. 1장부터 6장까지는 비정상적인 식습관을 바꾸기 위해 필요한 모든 단계를 가르쳐 주는 핵심적인 부분입니다. 따라서 1장부터 6장을 함께 읽는 것이 좋고, 읽는 순서는 당신이 정해도 됩니다. 이 장들을 읽음으로써 폭식증을 이겨 내기로 한 결심이 잘한 일임을 알게 될 것이며, 회복 여행을 떠날 준비가 된 것입니다.

〈표 1-1〉 에딘버러 폭식 점검표[1]

질문	점수
1. 하루 식습관이 규칙적입니까? 예=0, 아니요=1	─
2. 다이어트를 엄격하게 합니까? 예=1, 아니요=0	─
3. 다이어트 계획을 한 번이라도 어길 경우 실패했다고 생각됩니까? 예=1, 아니요=0	─
4. 다이어트 중이 아닐 때에도 늘 음식의 칼로리를 계산해 먹습니까? 예=1, 아니요=0	─
5. 하루 종일 굶는 단식을 해 본 적이 있습니까? 예=1, 아니요=0	─
6. 했다면, 몇 번인가요? 1회=1, 가끔=2, 1주에 1회=3, 1주에 2~3회=4, 하루 걸러 1회=5	─
7. 다음 중 체중 감소를 위해 사용해 본 방법을 모두 체크하세요. ① 다이어트 알약　　　　② 이뇨제 ③ 설사약　　　　　　　④ 구토 전혀 없음=0, 가끔=2, 1주에 1회=3, 1주에 2~3회=4, 매일=5, 하루에 2~3회=6, 하루 5회 이상=7 ①~ ④의 질문 각각에 답한 후 모두 합산하세요.	─
8. 식습관 때문에 생활이 심하게 망가진다고 생각하나요? 예=1, 아니요=0	─
9. 음식이 당신의 생활을 지배한다고 말할 수 있나요? 예=1, 아니요=0	─

10. 괴로울 정도로 배가 부를 때까지 먹은 적이 있나요?
예=1, 아니요=0

11. 온통 음식에 대한 생각만 하면서 지낼 때가 있나요?
예=1, 아니요=0

12. 남들 앞에서 분별 있게 먹는 척 가장한 적이 있나요?
예=1, 아니요=0

13. 그만 먹고자 할 때 언제라도 멈출 수 있나요?
예=0, 아니요=1

14. 끝없는 식욕에 압도당할 때가 있나요?
예=1, 아니요=0

15. 불안할 때면 많이 먹곤 하나요?
예=1, 아니요=0

16. 살찔 것 같은 두려움으로 공포스러운가요?
예=1, 아니요=0

17. 식사시간이 아닐 때 한꺼번에 아주 많은 양을 먹은 적이 있나요?
예=1, 아니요=0

18. 당신의 식습관이 창피한가요?
예=1, 아니요=0

19. 먹는 양을 통제할 수 없어서 걱정되나요?
예=1, 아니요=0

20. 위안거리로서 음식을 찾나요?
예=1, 아니요=0

21. 음식을 남긴 채 식사를 마칠 수 있나요?
예=0, 아니요=1

22. 다른 사람들에게 당신이 얼마나 먹었는지를 속이나요?
예=1, 아니요=0

23. 배고픔을 느끼는 정도에 따라 먹는 양이 달라집니까?
예=0, 아니요=1

24. 폭식한 적이 있나요?
예=1, 아니요=0

25. 폭식한다면, 폭식 후 비참함을 느끼나요?
예=1, 아니요=0

26. 폭식한다면, 혼자 있을 때만 그러나요?
예=1, 아니요=0

27. 폭식한다면, 얼마나 자주인가요? ——
   거의 안 함=1, 한 달에 1회=2, 1주에 1회=3, 1주에 2~3회=4,
   매일=5, 하루에 2~3회=6
28. 폭식 충동을 만족시키고자 무슨 일이라도 하나요? ——
   예=1, 아니요=0
29. 과식한 후 죄책감을 심하게 느끼나요? ——
   예=1, 아니요=0
30. 몰래 먹곤 하나요? ——
   예=1, 아니요=0
31. 스스로 생각하기에 자신의 식습관이 정상인가요? ——
   예=1, 아니요=0
32. 자신이 강박적으로 먹는 사람이라고 생각하나요? ——
   예=1, 아니요=0
33. 일주일에 2kg 이상의 체중 변화가 있나요? ——
   예=1, 아니요=0

점수를 합산하세요.

폭식 심각도 지표: 문항 6, 7, 27의 합 ——

폭식 증상 점수: 그 외 문항들의 합 ——

섭식문제와 더불어 과체중 문제가 있다면, 처음에 읽을 부분에 7장을 추가하면 됩니다.

8장부터 14장까지는 섭식장애와 관련이 있는 다른 문제들에 초점을 맞추었습니다. 읽고 싶은 순서대로 몇 주에 걸쳐 천천히 읽으세요. 이들 부가적인 장의 목표는 삶의 여러 영역에서 당신에게 어려움을 주는 문제들을 발견해 내고, 이들 문제점들이 섭식장애가 생기는 데에 어떤 역할을 했는지 그리고 섭식장애를 극복하는 데 어떻게 장애가 되고 있는지를 알게 되는 데 있습니다.

과음하는 습관이 있거나 특정한 약을 남용한다면 12장을 초반에 읽으세요. 약물남용과 술은 섭식문제를 훨씬 조절하기 어렵게 만들기 때문에 조기에 극복해야 합니다. 12장을 통해 ① 술/약물 남용이 어느 정도로 심한지 평가하고, ② 이에 대응하기 위해 어떻게 할지에 관해 도움을 받을 수 있을 것입니다.

1단계

●

여행을 떠날 준비가 되었나요?

먼저 2, 3, 4, 5, 6장을 읽으세요. 처음부터 완벽히 지시내용을 수행하려 하지 말고, 우선은 그냥 편하게 읽고 또 읽어 충분히 이해해서 얻은 정보들을 노트에 적을 수 있을 정도로 당신 것으로 만드세요.

자, 이제 회복 여행을 떠날 준비가 되었나요?

자, 이제 조용히 생각할 수 있는 시간을 마련해서 폭식 손익계산서를 작성해 봅시다.

우선, 큰 백지를 마련한 다음 길게 가운데를 나누어 양쪽 면으로 구분하세요. 왼쪽 면의 맨 위에 '폭식증을 버려야 하는 이유'라고 적고, 오른쪽 면에는 '폭식증을 버리지 못하는 이유'라고 적으세요. 당신 마음의 일부는 폭식증의 악순환에서 벗어나기를 필사적으로 원하는 반면, 다른 한편에는 익숙해진 행동을 벗어나기 두려워하는 중요한 이유가 있을 것입니다. 사람의 기억력에는 한계가 있기 때문에 이 모든 생각이나 이유들을 한꺼번에 머릿속에 다 기억하는 것은 불가능하며, 또 입장이 다른 쪽으로 바뀔 수도 있습니다. 손익계산서는 당신이 생각을 체계적으로 정리하는 데 도움을 줄 것입니다. 일주일 간 손익계산서를 쓸 계획을 세우고 그동안 매일 쓴 것을 읽고 새로운 생각을 추가하세요. 생각에 집중하기 위해 각 면을 2부분으로 나누고, 각 부분의 시작에는 다음과 같이 적습니다.

1. 나에 대한 실질적 이득과 손실
2. 다른 사람들에 대한 실질적 이득과 손실
3. 나에 대한 정서적 이득과 손실 (인정 혹은 실망)
4. 다른 사람들에 대한 정서적 이득과 손실 (사회적 인정 혹은 실망)

　

다른 사람이 작성한 다음의 예를 보면 당신이 손익계산서를 작성하는 데 도움을 받을 수 있을 겁니다. 일부 내용은 당신 생각과 같을 수 있고, 당신의 손익계산서에 가져와 적고 싶은 내용일 수도 있습니다. 하지만 당신만의 이유를 찾아보고 가능한 한 구체적으로 적어 보세요. 이 표를 일주일 내내 마음에 넣어 두면, 다른 일을 하다가도 새로운 생각이 갑자기 떠오를 수 있을 것입니다.

폭식 손익계산서

폭식증을 버려야 하는 이유 (변화나 회복으로 인한 이득)	폭식증을 버리지 못하는 이유 (변화나 회복으로 인한 손실)
1. 나에 대한 실질적 이득 "늘 피곤하고 기분 나빠 있지 않겠지." "더 이상 치아가 나빠지지 않겠지." "활기 있고 건강해 보이겠지" "위장을 강제로 혹사시키지 않으니 소화 기관이 정상적으로 기능하겠지." "나 스스로 아프게 만들었던 몸이 이젠 회복되겠지."	**1. 나에 대한 실질적 손실** "식사 때마다 겁이 날 거야." "배가 불러 불쾌할 거야." "조금만 먹어도 배가 나올 거야." "얼굴이나 발목이 부을지도 몰라." "체중을 재면 놀라고 말 거야."
2. 다른 사람들에 대한 실질적 이득 "가족, 친구와 더 많은 시간을 보낼 수 있 고, 밥 먹는 것을 피하지 않아도 될 거 야." "가족들이 냉장고가 텅 빈 걸 보지 않아 도 되겠지." "그이와의 사랑에 있어서도 더 로맨틱하 게 반응할 수 있을 거야." "구토하지 않는다면 이젠 그와 키스할 수 있겠지." "덜 과민하고, 덜 무뚝뚝해지겠지." "일에 더 집중하고 일을 더 잘할 수 있게 되겠지."	**2. 다른 사람들에 대한 실질적 손실** "부모님/남편/친구의 많은 도움과 지지가 필요할 거야." "기분 변화가 더 심해질 거야."
3. 나에 대한 정서적 이득 "무엇을 얼마나 먹었는지 더 이상 음식에 대해 거짓말하지 않아도 되겠지." "구토나 설사약을 먹지 않았다고 거짓말 하지 않아도 되겠지." "이젠 뭔가 긍정적인 일을 해낼 수 있을 거야."	**3. 나에 대한 정서적 손실** "섭식장애를 떨쳐 버리는 것은 너무 어려 워서 결국 실패하고 그럼 더 나빠지겠 지." "어느 것도 마음대로 할 수 없다고 생각 될 거야." "내 행동에 책임져야만 할 거야."

"어찌 될지 몰라 불안정하고, 비참하고, 두려워질 거야."

"내 자신과 몸이 혐오스러울 거야."

4. 다른 사람들에 대한 정서적 이득

"부모님은 더 이상 딸의 구토와 변비약 남용을 걱정하지 않으셔도 되겠지."

"친구들은 더 이상 내가 인생을 망가뜨리는 것을 보지 않아도 되겠지."

"직장에서는 밝고 유능해 보일 거야."

"궁색한 변명을 찾을 필요 없이 모임이나 사회활동에 참여할 수 있겠지."

4. 다른 사람들에 대한 정서적 손실

"더 이상 사람들은 내가 체중을 조절할 수 있는 사람이라고 여기지 않을 거야."

"섭식장애라는 짐을 내려놓게 되면 더 거만하고 독선적이게 되어 그간 다른 사람들과 균형을 유지했던 관계가 나빠질 거야."

이 네 칸을 구분하는 것이 어렵더라도 염려 마세요. 서로 겹칠 수 있고, 이렇게 나누는 이유는 생각을 집중하도록 돕기 위해서일 뿐입니다. 긍정적 측면인지, 부정적 측면인지만 맞게 정한다면 당신의 생각을 어떤 칸에 넣는지는 그리 중요하지 않습니다. 일단 손익계산서를 다 만들었다면 쓴 목록을 훑어보고 각 이득과 손실 항목에 1~10점을 매겨 보세요(10=매우 중요한 이유; 1=단지 약간 중요한 이유). 그런 다음 일어날 것 같은 가능성을 1~10점으로 매겨 보세요. 여기서 무엇을 배울 수 있나요? 당신을 방해하고 있는 것은 무엇인가요? 어떤 일이 생길 것 같은가요? 당신에게 정말 중요한 것은 무엇이고, 당신의 출발을 돕는 것은 무엇인가요?

미래로의 여행

●

이제 다음을 해 봅시다. 앞서 작성한 손익계산서가 도움을 줄 것입니다. 폭식증 극복이 어렵고 불가능하다고 결론을 내렸다고 가정해 봅시다. 5년이 흘렀습니다. 당신은 여전히 폭식증 상태입니다. 모든 것이 더 나빠졌습니다. 손익계산서에서 예상했던 부정적인 결과들은 모두 사실이 되어 버렸습니다. 당신은 외롭고 무력해졌고, 한계에 도달했음을 느낍니다. 이제 당신은 외국으로 이주해 한동안 연락이 끊긴 가장 친한 친구에게 편지를 쓰기로 했습니다. 그녀는 당신을 걱정하고 있으며, 당신에 관한 거짓 소문에 속아 넘어 가는 사람이 아니며, 귀국해서 당신을 만나게 되면 모든 사실을 알게 됩니다. 과거에도 그 친구는 당신이 도움이 필요할 때 물심양면으로 도와주었습니다. 당신은 그 친구를 믿을 수 있고, 당신의 어려움을 친구에게 모두 다 털어놓을 수 있고 이제 그렇게 하고자 합니다.

5년 후의 당신이 친구에게 편지를 쓸 때 고려할 지침

- 5년 후의 체중은 얼마일까요?
- 어떤 합병증이 나타났을까요?
- 추구하는 직업은 무엇일까요?
- 어디에서 누구와 살고 있을까요?
- 누가 친구로 남아 있을까요?
- 결혼은 했을까요? 아이는 있을까요?

가능한 한 현실적이 되어 현재형으로 편지를 써 나가 보세요. 아래에 폭식증으로 고생하는, 하지만 이제 당신처럼 여행을 떠날 준비를 하고 있는 사람이 쓴 편지가 있습니다.

수연이에게

내년에 네가 돌아오길 고대하고 있단다. 네가 왔을 때 지난 5년 동안 내게 무슨 일이 있었는지를 알 수 있도록 내 상황을 고백해야 할 것 같아. 좀 슬픈 소식이라 걱정은 되지만 이야기를 들어 줄 수 있는 사람은 너뿐이라고 생각해. 과거에 그랬듯이 너를 믿고, 너와 솔직하게 이야기를 나누면 좋은 결과가 오리라 믿어.

내 폭식증은 15년째 지속되고 있어. 요요를 겪으면서 체중은 늘었다 줄었다를 반복해. 지금은 정상체중에서도 낮은 편에 속해. 난 기뻐해야 하지만 여전히 행복하지 않아.

예전만큼 구토가 내 생활에 큰 영향을 주진 않지만 여전히 구토하고 있고, 여전히 심하게 음식섭취를 조절하고 있어. 내 하루는 먹을 것과 관련된 생활이 전부야. 낮엔 나만이 먹을 특별한 음식들을 준비해. 야채나 해조류 말린 것 같은 것들이야. 아침에 일어나면 전날 밤 폭식한 흔적이 있는데도 도통 기억이 나지 않는 경우도 종종 있어. 건강은 심각하게 나빠져 버렸어. 치아가 부식되어 여섯 개는 보철로 씌웠고 나머지 치아도 찬 것을 먹으면 심하게 시려. 지난 여름에는 복통으로 입원했고 신장에 결석이 있다고 진단받았어. 체외충격파 쇄석술을 받고 몇 주일 동안 소변에 피가 섞여 나왔어. 예전보다 변비약 사용량과 횟수가 많이 늘었어. 한 곳에서 변비약을 많이 팔지 않으니까 이곳 저곳 약국을 돌아다니며 사느라 하루를 허비하는 것 같아. 변비약을 먹지 않으면 속이 너무 거북하고 배가 불러오고 배변을 못할까 봐 너무 걱정이 돼. 변을 보다가 피가 나오기도 하고 변이 새어 나오기도 하고 밤새 변기에 앉아 있기도 해.

지난 2년 동안 일을 못했어. 그래서 지금 다가구 주택의 방 하나에 세 들어 살고 있어. 사귀던 남자친구가 4년 전에 떠난 후로 대인관계는 거의 없어졌어. 요즘에는 두 명의 친구하고만 연락하고 지내. 그 애들은 가끔 전화를 해 주고 나를 집으로 불러 주기도 해. 때때로 심하게 기분이 저조해지면 죽음으로써 이런 고통을 끝내 버릴까 하는 절망적인 생각이 들기도 해. 난 죽을 용기도 없는 겁쟁이이기도 하지만, 죽은 다음에 누가 내 방이나 물건들을 볼까 봐 두려워서 그렇게도 못할 것 같아. 냉장고 가득 먹다 남긴 음식들, 가게에서 훔쳐 와 사용하지 않고 모아 둔 액세서리들을 남들이 보게 되면 수치스러울 거 같아. 버리지 않고 쌓아 두는 습관이 너무 심해져 버렸어.

하지만 이 모든 것에도 불구하고 한 줄기의 희망이 있어. 5년 전 내 병을 극복하도록 손을 내밀었던 너를 기억해. 그 당시엔 변하는 것이 너무 어렵고 자신이 없었지만 이제 내 앞에 더 이상 다른 길은 없다는 것을 알았어. 지금이라도 네가 친절하게 내밀었던 도움의 손길을 받아들이고 싶어.

이제 내가 달라지기 위해 발을 내디뎠고 네게 편지를 쓸 용기를 냈다는 사실을 네가 기뻐해 주리라는 것을 알아.

너의 영원한 친구 정미가

- 이제 당신의 친구에게 편지를 써 보세요. 그리고 편지를 주의 깊게 읽어 보세요. 스스로를 속이지 말고 솔직하게 고백하세요. 친구가 삶을 개척하고 즐기는 동안 당신은 앞으로의 5년을 진정 섭식장애의 고통 속에서 보내기를 바라나요?
- 다시 '미래로의 여행'의 첫 부분으로 돌아가서 두 번째 편지를 써 보세요. 두 번째 편지는 당신이 성공적으로 섭식장애를 이겨 냈다고 가정하고 5년 후 어떻게 지내고 있을지를 상상하면서 써 보세요. 당신은 이번 변화를 통해 성공적으로 폭식증을 극복했습니다. 어떤 단계가 당신을 도와주었나요? 누구의 도움이 중요했나요? 어떻게 변화의 전기를 마련했나요? 어떤 장애물을 만났고 어떻게 대처했나요? 이런 미래가 당신이 바라던 바인가요? 즉, 이 삶이 진정 당신이 달성하고 싶은 미래라 생각하나요? 이 삶이 당신 스스로 의도한 대로 행하는 미래인가요?

나아가기로 결심하기

●

변할 것인지, 계속 섭식장애로 있을 것인지는 전적으로 당신에게 달렸습니다. 그 결정은 한 번으로 끝나는 것이 아니고 앞으로도 수많은 작은 결정을 해야 할 날들이 수일, 수개월, 수년 동안 있을 것입니다. 당신을 후퇴시키려는 강한 힘이 있을 겁니다. 이 여정을 감행하는 다른 사람들처럼, 당신도 많이 실수할 수 있습니다. 하지만 낙심하지 마세요. **폭식 스스로 치료하기**가 가르쳐 주는 기술들은 실수를 교훈으로 바꾸어 줄 것입니다.

다른 사람의 도움받기

혼자서 헤쳐 나가는 것은 힘들고 외로운 일입니다. 가족이나 배우자, 또는 친구의 도움을 구하는 것이 좋습니다. 때로 그들은 당신이 생각했던 것보다 당신을 돕는 데 적극적일 수 있습니다. 가족이나 친구와 협력해야 할지 확신이 서지 않는다면 13장을 보세요. 그럼 그들과의 협력이 당신의 치료에 도움이 될 것인지, 어떤 식으로 협력하는 게 가장 좋을지, 또 도움을 받을 만한 타당한 이유는 어떤 것인지 알 수 있을 것입니다. 누구에게 도움을 요청할지 결정해야 합니다. 가장 가까운 사람인가요? 아니면 가장 많은 시간을 함께 보내는 사람인가요?

이상에 대해 결정을 내리는 데 어려움이 있다면, 〈표 1-2〉에 나와 있는 질문들을 이용해 도움을 받으세요.

〈표 1-2〉 회복 도우미 평가 질문지

○○는 당신에게 지지적인가요? 다음 질문에 대답해 보세요.	점수
1. ○○에게 당신의 어려움을 말하는 게 쉬운가요? 매우 쉽다(5점); 대체로 쉽다(4점); 잘 모르겠다(3점); 대체로 어렵다(2점); 매우 어렵다(1점)	___
2. ○○는 당신의 식습관을 비난하거나 쉽게 화를 내나요? 늘(1점); 자주(2점); 때로(3점); 드물게(4점); 전혀(5점)	___
3. 잘 진행되지 않을 때도 ○○와 상의할 수 있나요? 물론(3점); 불확실(2점); 절대로 못함(3점)	
4. ○○는 당신이 필요로 할 때면 어떠한 기대나 조건 없이 곁에 있을 것이라고 믿을 수 있나요? 물론(5점); 확실히(4점); 아마도 그럴 것(3점); 아마도 아닐 것(2점); 확실히 아님(1점)	___

5. 당신이 폭식증을 극복한다면, ○○는 뭐라고 할까요?
아마도 위협으로 생각하고 예민하게 느낄 것 같다(0점); 내가 삶에서 독립적이 되고, 성공하는 것에 대해 질투를 느낄 것 같다(0점); 잘 모르겠다(1점); 나의 변화에 대해 매우 기뻐할 것 같다(2점)

6. ○○와 얼마나 연락하나요?
적어도 1주에 1회(3점); 적어도 2주에 1회(2점); 적어도 1달에 1회(1점); 1달에 1회 미만(0점)

총점

19~23점: 당신은 가까이에 기꺼이 도와줄 사람이 있는 행운아입니다. ○○에게 섭식장애를 극복하게끔 도와 달라고 분명히 요청하세요.

12~18점: ○○가 당신을 지지해 줄지 확실치 않습니다. 당신이 도움을 요청했을 때 뭐라고 할지 당신도 잘 모르고 있을 수 있습니다. 아마도 ○○를 잠재적 지지자로 두되 성급히 부탁하지는 않는 것이 좋을 겁니다. 만약 ○○를 잘 안다면, 이 점수는 ○○가 당신에 대해 미온적으로 반응하는 것을 의미하므로, 다른 사람을 고려해 보는 게 나을 겁니다.

4~11점: 다른 사람을 찾거나, 혼자 하는 게 좋습니다.

다른 사람에게 도움을 요청하는 것은 어렵습니다. 당신을 지지해 줄 수 있는 사람에게 원하는 도움을 구체적이고 직접적으로 요청하세요. 아마 그들도 이 책을 읽어 보아야 할 것입니다.

섭식장애가 있는 사람을 돕는 것은 어려운 일입니다. 도울 때 생길 어려움을 예상하고 당신의 요청을 거절할 수도 있습니다. 당신은 이러한 상황을 예상해야 합니다. 그건 거절이 아니라 현실적인 문제일 따름입니다. 어떤 사람은 섭식장애가 무엇인지를 모르고 당신을 도와주려고 했다가 곧 어려움에 부딪힐 것입니다. 당신은 이런 상황도 예측해야만 합니다. 이것도 거절이 아니라 현실입니다. 섭식장애의 부수적인 문제들은 주위 사람들을 혼란스럽게 합니다. 유감스럽게도 폭식증을 비판하는 사람들도 있습니다.

당신이 치료를 받아 나갈 때 주변에 어려움을 이해하고 도와줄 사람이 있다면 당신은 행운아입니다. 그와 함께 해 가는 과정이 쉽지 않을 테지만 잘 진행된다면 당신과 그 사람 모두에게 큰 기쁨과 보상을 안겨줄 것입니다. 그로부터 얼마나 도움을 받을지는 당신과 그 사람이 함께 정하세요. '회복 도우미'와 일주일에 15분 정도 시간을 잡고 진행상황을 검토하고 새로운 목표를 정하세요. 우리가 **폭식 스스로 치료하기**에서 제시하는 방법들을 '회복 도우미'에게 알려 주고 함께 시행해 볼 수도 있습니다.

신뢰는 어려운 주제입니다. 섭식장애가 있는 사람들은 감추려는 특징이 있어서 이 사람들의 행동이 다른 사람에게 의구심이나 불신을 불러일으킬 수 있습니다. 이에 관해 회복 도우미와 이야기해 보세요. 당신에 대해 의심을 갖거나 불안하다고 생각될 땐 꼭 알려 달라고 하세요. 당신에 대해 걱정하는 것을 말해 달라고 요청하세요. 치료 진행을 방해할 것 같은 장애물이나 난관 때문에 도움을 중단하거나 비판적으로 말하기보다는 직접적이고 있는 그대로 이야기해 달라고 하세요. 예를 들어, 그들이 다음과 같이 말할 수 있습니다. "넌 그동안 폭식하지 않으려고 애써 왔고 근래는 함께 저녁을 먹기도 했었어. 그런데 어제 저녁 식사 때는 조금 먹었는데도 긴장된 표정으로 사라져 버렸어. 네가 폭식, 구토를 다시 하게 된 게 아닌가 걱정스러워."

폭식 충동이 생겼을 때 어떻게 행동을 바꿀지 회복 도우미와 상의해 보는 게 좋습니다. 예를 들어, 직장에서의 힘든 하루를 마치고 절망과 불안에 휩싸여 '난 아무것도 할 수 없어.'라고 생각하며 퇴근했다면, 힘든 생각을 잠시 잊고자 폭식하기보다는, 밖에 나가 회복 도우미와 산책을 하며 그러한 생각과 감정들을 이야기하고 다른 측면에서 생각할 수는 없는지도 이야기해 봅니다.

도움을 받을 수 있는 다른 방법은 이웃이나 온라인상의 자조집단에서 상담을 하는 것입니다. 부모, 배우자, 친구들같이 당신을 걱정하는 사람들도 자주 이러한 집단을 통해 도움을 얻을 수 있습니다. 자조집단은 섭식장애에 대한 편견 없는 정보(책[2]과 DVD[3])를 제공하며 걱정과 불안을 다룰 수 있게 돕고, 가족들이 당신에게 참견이 아닌 지지를 해 주는 방법들을 알려 줍니다.[4] 국내에서는 모즐리회복센터나 백상식이장애센터에서 섭식장애에 대한 균형 있는 정보와 DVD 등을 활용한 치료를 받을 수 있습니다.

당신이 회복 도우미의 도움 없이 혼자서 해 나가기로 결정했을지라도 일주일에 한 번(혹은 더 자주) 30분씩 시간을 내어 검토하는 시간을 가지세요. 일기장을 친구이자 신뢰할 수 있는 회복 도우미로 이용하세요. 회복 도우미에게 편지를 쓰듯이 일기를 써 보세요. 일기의 마지막에는 금주의 목표를 정하고, 지난 주에 배운 것들을 검토하는 것으로 마무리하는 게 좋습니다.

여행의 단계 정하기

●

이제 당신은 전체적으로 섭식장애에 대한 이해도 했고 준비운동까지 마친 상태입니다. 이 책을 시작하기 전에 회복 도우미의 도움을 받아 현실적이고 가능한 목표를 정해야 합니다. "**평생 다시는 폭식 같은 건 안 할 거야.**"라는 것은 그 자체만으로 지레 겁을 먹게 합니다. 이처럼 지나치게 비현실적인 목표는 오히려 폭식을 조장합니다. 목표를 실현 가능한 단계로 나누는 것이 좋습니다. 이 책의 2장부터 6장까지는 각 장의 매 시작마다 섭식장애의 다양한 어려움을 극복해 나가기 위해 당신이 현실적인 목표를 정하는 것을 도와줄 것입니다. 목표 달성에 있어 당신이 원하는 것을 구체적으로 묘사하는 게 중요합니다.

목표는 다음 관점에서 기술해야 합니다.

1. 스스로 계획할 수 있고, 스스로 실천할 수 있는 것이어야 합니다.
2. 측정 가능해야 합니다(가령 '행복해지기'처럼 측정 불가능한 것이 아닐 것).
3. 목표는 어느 정도 도전적이어야 합니다. 다소 어렵게 얻어져 성취했을 때 기쁨을 느낄 겁니다. 그렇지만 슈퍼우먼이라야 가능한 것은 아니어야 합니다.
4. 현실적인 시간 계획 내에 가능한 목표여야 합니다. 시간 제한이 없다면 마냥 지연시키게 될 것이고, 한편으로는, 예를 들어 "**평생 나는 ~를 안 할 거야.**"와 같이 맹세한다면, 죽을 때까지 목표를 지키지 못할 것이므로 이 같은 목표도 도움이 되지 않습니다.

SMART 하기

SMART는 **S**pecific(구체적인), **M**easurable(측정 가능한), **A**chievable(도달할 수 있는), **R**ealistic(현실적인), **T**imeframe(구체적인 시간의 한계) 등의 머리글자들로 이루어진 것이며, 당신이 목표를 설정할 때 고려해야 하는 특징들을 요약한 것입니다.

SMART한 목표를 파악했다면, 다음 네 가지 사항이 중요합니다.

1. 우선 순위 정하기: 몇 가지 목표들을 확인했다면, 무엇을 우선순위로 둘 것인지 생각해야 합니다. 가끔 사람들은 한번에 여러 목표를 달성하려고 하지만, 치료 경험상 한두 가지만 목표로 정하고 이를 완수해 나가는 것이 좋습니다. 또한 처음에는 야심차게 대단한 것부터 시작하려고 하기보다 상대적으로 작은 목표로 시작하고 그것을 성취해 나가는 것이 중요합니다.

2. 실행 계획 세우기: 목표들을 행동으로 옮기기 위해 언제, 어떤 상황에서, 몇 시에 할지 계획을 세우는 것이 필요합니다. 다시 말해, 얼마나 자주, 어느 정도의 시간 동안, 어디서 할지 생각해야 합니다(예: 난 아침식사와 점심식사 사이에 내가 좋아하는 요거트를 간식으로 먹을 거야. 회사에서 이메일을 확인한 후 오전 11시쯤 이걸 먹겠어).

3. 장애물 확인하기: 당신이 목표를 달성하기 위한 노력을 시작하기 전에, 목표를 방해하는 장애물들을 확인하는 것이 중요합니다. 이를 확인하는 유용한 방법은 "만약 ~가 일어나면, 나는 ……을 하겠다"라는 문장 형식을 사용하는 것입니다. 일어날 수 있는 일을 시각화하고, 문장을 완성해 보세요. 이 문장을 여러 번 소리 내어 반복하는 것이 자동적인 습관을 만들어 주는 데 도움이 될 것입니다.

4. 목표 검토와 진행 사항 모니터링하기: 다음 장에서 식사일기를 지속적으로 쓰는 것에 대한 방법을 배울 것입니다. 이는 치료의 진행을 검토하고 모니터링하는 데 도움이 될 것입니다.

보충자료

1. Henderson, M. & Freeman, C. P. L. *British Journal of Psychiatry*, 1987; 150: 18-24. 저자 허락하에 인용.

2. Treasure, J., Smith, G., & Crane, A., 2017. *Skills-based learning for caregivers of a loved one with an eating disorder: The new Maudsley method(2nd ed.)*. Hove: Routledge. 김율리, 권젬마 공역, 2018(예정). 서울: 학지사.

3. The Succeed Foundation : http://www.succeedfoundation.org

4. 가장 중요한 점은 섭식장애를 겪는 사람의 가족들이 이러한 정보와 치료 자원을 통해 섭식장애 환자와의 관계가 훨씬 수월해지고 스트레스를 덜 받고 더 지지적으로 될 수 있다는 것입니다.

2장.
여행에 필요한 도구

치료 일기를 쓰는 요령

●

이 책의 부록에 있는 식사 일기를 보세요. 이 식사일기를 복사한 다음 매일 한 장씩 가지고 다니면서 기록하고 차곡차곡 모아 두거나, 인터넷이 더 편하다면 온라인 페이지를 만들어 기록하세요. 당신의 목적에 맞는 편리한 식사일기 어플리케이션을 이용할 수도 있습니다. 식사일기 형식을 기반으로 치료에 도움이 되는 당신만의 일기를 만들 수도 있습니다.[1] 주머니나 가방에 넣어 다닐 수 있는 조그만 노트를 사세요. 식사 일기를 휴대하는 이유는 간단합니다.

- 친구처럼 당신을 도울 겁니다. 자신의 생각을 나누고 쌓아 나가는데 안전한 장소로, 일기를 작성하며 우정과 신뢰를 쌓아 나가는 것은 자기 자신을 신뢰하기 위한 중요한 준비 과정입니다.
- 매일 무엇을 먹고 마셨는지 적으세요. 가능한 한 정확히 적는 게 좋습니다.
- 먹거나 마시기로 계획했지만 그렇게 하지 않은 경우를 기록하세요.
- 일기를 항상 휴대하세요. 화장실에도 가지고 가세요. 부끄러운 생각이 들고 난처했던 것도 숨김없이 기록하세요. 회복의 길에서는 비밀로 할 수 없습니다.
- 일이 생긴 그 자리에서 즉시 적으세요. 그래야 가장 정확한 사실을 기록할 수 있습니다.

- 소설을 쓰지 마세요. 당시 무슨 일이 일어났는지 속기식으로 기술하세요. 당신의 일기는 회복 여행에 있어 매우 중요한 일지입니다.
- 보통 일기처럼 자기 전에 쓰려고 미루지 마세요. 기억은 시간이 지날수록 부정확해집니다. 또한 하루에 여러 번 진행상황을 기록하세요.

매주의 마지막에, 한 주 동안 쓴 일기장을 검토하세요.
- 무엇을 배웠나요?
- 잘 진행된 것은 무엇이고, 그 이유는 무엇인가요? 이것을 기반으로 다른 것들을 어떻게 진행해 나갈까요?
- 무엇이 잘 진행되지 않았고, 그 이유는 무엇인가요? 이런 일이 다시 발생하는 것을 줄이거나 막기 위해 어떻게 해야 할까요?
- 다음 일주일 동안 할 다음 단계는 무엇인가요?
- 한 주를 평가하면서 스스로에게 솔직하고 따뜻해지도록 노력해 보세요.

일기를 잘 쓰는 습관이 들 때까지 단계를 나누어 연습하는 것이 필요하기도 합니다. 처음 1~2주 동안은 먹은 것을 쓰는 데 집중하고 잘 기록되고 있다면 다음 단계로 넘어갑니다. 다음의 ABC 기록 방식으로 해보세요.

1. 'A' 선행요인(Antecedents). 다음과 같은 것을 적으세요.
- 먹을 당시 어디서, 무얼 하고 있었나요? (즉, 혼자 있거나, 친구와 함께 있거나, 집에 있거나, 직장에 있거나 등)
- 먹기 직전 들었던 생각은 뭔가요? 누가 뭐라고 했나요?
- 먹기 직전 당신의 감정은 어땠나요?

2. 'B' 행동(Behaviour). 다음과 같은 것을 적으세요.

- 당신이 폭식했다고 생각하나요? (폭식에 대한 정의는 4장 참고)
- 구토를 했나요? 했다면 몇 번 했나요?
- 변비약이나 이뇨제를 먹나요? 먹는 양은 얼마인가요?

3. 'C' 결과(Consequence). 다음과 같은 것을 적으세요.

- 좋은 것이든 나쁜 것이든 간에 당신의 생각, 감정, 행동에 장단기적
  으로 나타난 결과가 무엇인가요?

이제 당신은 폭식행위와 연관된 [그림 2-1]과 같은 연결고리를 만들
수 있습니다.

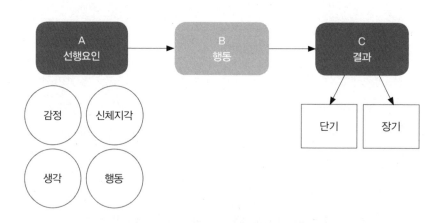

[그림 2-1] 선행요인 - 행동 - 결과 연결고리

이런 탐색의 가장 어려운 측면은 행동을 일으키는 당신의 생각이나 감정을 알아차리는 것입니다. 10장 '폭식 이면의 생각'에서는 섭식장애와 관련해 가장 흔한 부정적인 생각의 덫들을 기술해 놓았습니다. 섭식장애를 유발하는 생각과 감정들은 스트레스나 힘든 감정 등 유쾌하지 않은 것이 대부분입니다. 여기에 빠져들지 않고 마음을 편하게 하기 위해서 이런 부정적인 생각이나 감정을 지우고 싶지만 그렇게 하기 위한 노력에 많은 에너지를 소모해야 합니다. 이러한 기분이나 생각이 즐거울 수는 없지만 한편으론 당신 삶의 어떤 부분을 바꿔야 할 필요성을 알려 주는 경고 신호이기도 합니다. 예로서 〈표 2-1〉에 섭식장애 치료를 받은 환자인 애경 씨의 식사일기 중 일부를 실었습니다.

이렇게 일기를 쓰는 데는 하루 몇 분밖에 안 걸리지만, 때론 매일 일기를 쓰는 것이 불편하고 성가시게 느껴지기도 할 것입니다. 그럴 경우 덜 바쁜 날을 선택해 시작하는 것이 실패 확률을 줄일 수 있습니다. 일주일 내내 대충 쓰는 것보다는 일주일 중 며칠이라도 완전하게 적는 것이 더 좋습니다.

우리의 치료 경험상 치료 일기에 대한 반응은 여러 가지입니다. 당신이 일기 쓰는 것을 좋아하거나 일기와 가까워져서 일기를 스스럼없이 비밀을 털어놓을 수 있는 친구로서 생각할 수 있다면 매우 다행이고 좋습니다. 이렇게 된다면 다른 어려움 없이 식사일기를 치료적으로 사용하는 것도 수월해질 것입니다.

한편, 여러 가지 이유로 일기 쓰기를 싫어할 수 있습니다. 일기 쓰는 것을 귀찮게 여길 수 있습니다. 혹은, 두렵고 부끄럽게 생각할 수도 있고, 자신의 행동들을 직면하면서 극도로 힘들 수 있습니다. 다른 사람이 일기를 볼까 걱정될 수 있습니다. 또 일기를 쓰면 음식에 대한 집착이

45

〈표 2-1〉 애경 씨의 식사일기, 1주째와 4주째

1주째					
시간	먹은 것	폭식	구토	변비약	선행요인(A: Antecedents) 및 결과(C: Consequences)
08:00	콘플레이크				A: 어제 먹은 게 아직도 그득하다. C: 오늘은 폭식하지 않도록 노력해야 해.
12:00	사과 1개				A: 배가 고파. C: 아직도 배가 고파. 폭식하게 될지 모르니까 더 먹지 말아야겠어.
3:00	포도 1송이, 초콜릿 2개		!		A: 집에 늦게 들어온다는 남편의 전화. C: 내 자신이 혐오스러워. 나는 세상에서 가장 형편없는 사람이야.
6:00	견과와 초콜릿 등 단것 잔뜩 (슈퍼에서)	‼			A: 집에 먹을 게 없어서 쇼핑을 갔다. 멈출 수 없이 단것을 이것저것 샀다. 오는 차 안에서 정신없이 먹었다.
		‼			집에 돌아와서도 계속 먹었다.
7:00	카레 2인분	‼			C: 나에게 너무 화가 나. 외로워. 기진맥진해서 일찍 잤다.
	초콜릿 바 3개		‼		

4주째					
시간	먹은 것	폭식	구토	변비약	선행요인(A: Antecedents) 및 결과(C: Consequences)
08:00	토스트 2조각(꿀 발라서), 치즈				맛있게 먹었다.
11:00	사과				
12:00	참치볶음밥				직장 구내식당에서 먹었다. 소윤이가 "식당에서 만나는 건 오랜만이야."라고 했다. 사람들이 나만 쳐다보는 것처럼 느껴졌고 도망쳐 나올 수 있었지만 식사를 마쳤다.
3:00	요거트, 초콜릿				
6:00	롤빵 한 덩이				
7:00	밥, 생선, 야채, 아이스크림 1컵				디저트 먹을 생각은 없었다. 남편이 아이스크림을 먹자고 했다. 싫다고 하려다가 그럼 결국 설거지를 마친 다음에 혼자서 한 통을 먹어치우게 될 것을 안다. 그래서 함께 1컵을 먹었고 즐거웠다. 그런 다음 남편이 커피를 타 와서 의자에 편히 앉아 느긋하게 커피를 마셨다. 설거지는 미뤄 두었다.

더 생겨 병이 악화되는 것은 아닌지 우려할 수 있습니다. 폭식했을 때마다 일기를 그만두고 싶은 유혹이 클 수도 있을 겁니다. 가능한 한 성실하게 꾸준히 노력하세요. 문제 행동을 극복하려면 두려운 감정, 생각, 행동들을 직면해야 합니다. 직면이 두려워서 회피한다면 궁극적으로는 도움이 되지 않습니다.

단지 일기를 쓰는 것만으로도 많은 경우 식습관을 바로잡는 데 도움이 되며 상당한 호전이 있다고 합니다. 반면, 어떤 사람들의 경우 그렇게 되는 것이 쉽지만은 않았다고 합니다.

수지

수지에게는 심한 거식증이 있었습니다. 오랜 기간 병원에 입원해서 체중은 병전 상태를 회복했습니다. 하지만 퇴원 후에도 고통스럽고 심한 폭식은 남아 있어 매일 폭식했습니다. 그녀는 하루에도 몇 차례씩 구토하였고 변비약을 150알 이상씩 복용했습니다. 하지만 모든 것이 혼란스러운 와중에서도 그녀는 스스로를 통제할 수 있다는 느낌을 주는 식사일기를 종교처럼 의지하며 열심히 썼습니다. 식사일기를 열심히 쓰고, 규칙적으로 식사하려고 노력한 3~4개월 후에도 거의 변화가 없다고 느꼈기 때문에 수지는 식사일기를 계속해야 하는지에 대한 의구심이 생겼습니다. 치료자는 수지의 식사일기를 주의 깊게 검토해서 폭식 및 구토의 횟수, 복용 하제의 수를 그래프로 그려 보게 했습니다([그림 2-2]).

놀랍게도, 수지는 자신의 비정상적인 식습관이 많이 좋아졌다는 것을 알게 되었습니다. 특히 하제 사용량은 현저하게 줄었으며, 폭식과 구토 또한 점차적으로 줄고 있음을 알았습니다. '많이 좋아진 것을 어떻게 자기 자신이 모를 수가 있는가?' 하고 의아할 수 있습니다. 변화가 장기간에 걸쳐서 나타나거나, 부정

주당 하제
사용량

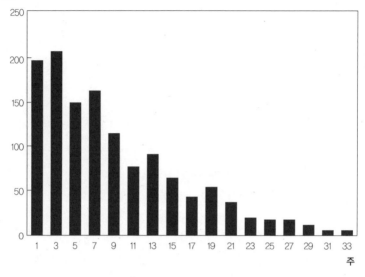

[그림 2-2] 하제 사용 막대표

적인 생각이나 저조한 기분 때문에 모든 것이 우울해 보이는 때에는 그럴 수
있습니다. 수지는 호전되지 않는다고 느낄 때마다 자신감을 얻기 위해서 주간
하제 사용 막대표를 방에 붙여 놓기로 했습니다.

기존의 어려움에 대처하는 새로운 기술

●

삶이 어렵고 힘들 때마다 회피하거나 대처하는 방법으로서 폭식증에
빠져든다면, 삶의 어려움에 대처하는 새로운 기술을 개발해야 합니다.

일곱 단계 문제 해결 방법

큰 일이든 작은 일이든 결정을 내리고 문제를 해결하는 것은 꼭 필요한 기술입니다. 사람마다 문제 해결 방법이 다릅니다. 어떤 사람들은 직관적으로 해결합니다. 즉, 감정적으로 옳다고 느끼거나 살면서 만들어온 나름대로의 '규칙'에 따라 결정합니다. 혹은 어떤 사람들은 가장 합리적인 해결 방법을 찾는 데 중점을 둡니다. 이 두 가지 방법 중 어느 하나만 맞다고 할 수 없으며, 모든 사람은 두 가지 방법을 함께 사용합니다.

다음의 일곱 단계는 일이나 스트레스에 직면했을 때 폭식 없이 대처하는 방법을 찾고자 할 때 따르기 쉬운 길잡이입니다.

1단계: 문제가 무엇입니까? 이 단계는 하찮아 보일 수도 있지만, 주의 깊게 파악하여 무엇이 문제인지 정의하는 것은 중요합니다. 당신의 문제를 간략하게 한 문장으로 기술해 보세요.

2단계: 가능한 해결책을 생각해 보세요. 생각할 수 있는 대안을 한정하는 버릇 때문에 문제 해결의 가능성을 스스로 제한하는 경우가 많습니다. 마음껏 상상력을 발휘해 보세요. 가능한 한 많은 해결책을 찾아보도록 합니다. 이기적이라든가, 미친 짓이라고 생각된다든가, 혹은 비현실적이거나, 기가 막혀 보인다고 가능성에서 제외시키지는 마세요. 머릿속에 떠오르는 모든 것을 적어 보세요.

3단계: 적은 대처 방안들을 자세히 살펴보세요. 형편없어 보이는 방법일지라도 각각에 대한 장점과 단점을 면밀히 검토하세요.

4단계: 당신에게 최선일 것 같은 한 가지 방법을 선택하세요. 3단계를 통해 어떤 것이 당신에게 옳고 그른지에 관한 명확한 생각을 갖게 됩니다. 만약 어떤 방법이 최적인지 아직도 불확실할 경우, 2단계로 돌아가서 좀 더 많은 해결 방안을 모색해 보세요. 혹은 당신이 아직 문제 해결을 위해 행동할 준비가 되어 있지 않기 때문일 수 있습니다. 문제 해결을 위한 행동을 잠시 미뤄 둬도 괜찮은가요? 그럴 경우 좋은 점과 나쁜 점은 무엇인가요?

5단계: 찾아낸 해결 방안을 실천할 방법을 찾아보세요. 문제 해결을 위해 필요한 모든 단계를 검토해 보세요. 그리고 그것을 적어 보세요.

이미 우리는 1장에서 폭식증을 극복하기로 결정하는 데 문제 해결의 첫 번째 단계를 어떻게 활용하는지 알아보았습니다. 당신은 지금 폭식 손익계산서를 쭉 훑어볼 수 있습니다. 이 책을 읽으면서 다른 사람들이 섭식장애의 다양한 문제를 해결하기 위해 어떻게 문제에 접근했는지에 대해 실제 사례들을 볼 수 있을 것입니다. 14장에는 직업 선택과 관련된 문제 해결식 접근법이 나와 있습니다. 대인관계 문제 해결법에 관한 다음 사례를 읽어 보세요.

은희

은희는 남자 친구인 정민과 최근에 헤어졌습니다. 그 직후에 과거 남자 친구였던 찬우가 그녀에게 다시 전화를 했고 만났습니다. 은희의 부모님은 정민을 아주 싫어했기 때문에 은희가 찬우와 가까워지는 것을 반겼습니다. 어머니는 찬우가 좋은 사람임을 은희에게 계속 이야기했으며 찬우를 집으로 부르기도 했습니다. 은희는 정민과 헤어진 것에 상심하고 혼란스러웠으며 어머니가 찬우와 짝을 지으려는 것에 대해 화가 나고 짜증이 났지만, 한편으론 찬우의 관심이 싫지는 않았습니다. 찬우와 외출해 보라는 어머니의 성화와 찬우의 끈질긴 요청에 은희는 찬우와 데이트를 하게 되었습니다. 이러한 문제들로 유발된 스트레스는 그녀의 폭식증을 더 악화시켰습니다. 은희는 문제 해결식 접근에 대해 배운 후 자신의 문제를 7단계로 정의했습니다.

1단계: 내 문제는 내가 뭘 원하는지 모른다는 거야. 한편으론 아직 새로운 만남을 시작할 준비가 안 되었다는 것과 나에게 정말 못되게 굴고 상처를 입힌 정민을 잊기 위한 시간이 필요하다는 걸 알아. 다른 한편으로는 내가 신뢰하는 엄마가 만나 보라는 찬우는 아마 틀림없이 좋은 사람일 거라고 느껴. 그리고 나에게 그렇게 많은 관심을 보이는 그를 거절하는 건 바보짓일 것이라는 생각도 들어.

2, 3단계: 은희는 가능한 해결책을 다음과 같이 적었습니다.

① 찬우의 여자친구가 되는 것

장점: 그렇게 되면 여러 사람이 행복해질 것이고, 내 마음의 부담도 줄 것이고, 날 위안해 줄 사람이 곁에 생길 것이다.

단점: 아마 전에 찬우와 사귈 때처럼 결국에는 만족하지 못하고 따분하게 느낄 것이다.

② 다시는 찬우와 만나지 않고, 전화도 받지 않는 것

장점: 생각하고 여유를 가질 시간이 생길 것이다.

단점: 좋은 친구를 잃게 될 것이다.

③ 부모님이 내가 찬우와 사귀고 싶어 하지 않는 것을 이해하실 때까지 집을 나와 버리는 것

장점: 내게 주어지는 부담이 줄어들 것이다.

단점: 집을 그리워하게 될 것이다. 엄마의 조언이 필요함을 느끼게 될 것이다.

④ 정민에게 다시 시작해 보자고 애걸하는 것

장점: 그가 다시 내게 돌아온다면 믿을 수 없을 만큼 기쁠 것이다.

단점: 또다시 거절당한다면 나는 지금보다도 더 상처 받을 것이다.

⑤ 새 남자친구를 만드는 것

장점: 이건 완전한 새 출발이 될 것이다.

단점: 좋은 남자친구를 만나기란 쉽지 않다. 더군다나 지금 나는 새
　　　로운 사람을 만날 기분이 아니다.

⑥ 여행을 떠나버리는 것

장점: 모든 것으로부터 벗어날 수 있어서 좋을 것이다. 새로운 경치
　　　와 감상들은 상심한 마음을 극복하는 데 도움이 될 것이다.

단점: 난 지금 돈이 없다. 마음이 힘들 때 혼자 여행하는 건 정말 외로
　　　운 일이다.

⑦ 약 먹고 자살을 시도하는 것

장점: 정민은 그간 나에게 얼마나 잘못했는지 깨닫게 될 것이다. 이
　　　런 행동으로서 정민의 지난 결정을 다시 돌릴 수는 없더라도 그
　　　에게 복수했다는 만족감은 갖게 될 것이다.

단점: 정말로 죽을 수도 있다. 잘못되면 건강에 치명적인 손상을 줄
　　　수도 있고 뇌 손상을 입어 식물인간이 될지도 모른다. 음독자
　　　살을 시도했다는 사실이 매우 부끄러울 것이다. 부모님, 형제
　　　들, 나를 믿었던 친구들에게 상처를 주게 될 것이다.

⑧ 이사를 해서 아무도 나를 찾지 못하는 곳에서 사는 것

장점: 지금의 들볶이는 상황으로부터 벗어날 수 있을 것이다.

단점: 이사를 가고 싶지는 않다. 이웃과 친구들의 지지와 격려가 필요하다.

⑨ 비록 다른 여러 가지에 대해서는 엄마의 조언에 감사하지만, 이번에 엄마가 내 마음을 바꾸려고 노력하는 것이 잘못된 것이라는 걸 말하고 이해를 구하면서 찬우의 애인이 되고 싶지 않고 친구로 남길 바란다고 이야기하는 것

장점: 엄마와 찬우로부터 계속 지지를 얻을 수 있을 것이다.

단점: 엄마와 찬우에게 그러한 이야기를 하는 것은 무척 어려운 일이다. 게다가 그들에게 상처를 줄 수도 있다. 나는 여전히 찬우에게 미련을 버리지 못하고 있어서 다른 사람들로부터는 일시적인 위안 밖에 얻을 수 없다.

4단계: 은희는 생각한 여러 가능성들을 면밀하게 고려한 후, 다시 찬우의 애인이 되고 싶지 않다고 결론을 내려 ①을 배제하였습니다. 다음으로 ②, ③, ⑤, ⑥, ⑦, ⑧을 배제하였는데, 이러한 방법들은 문제를 회피하고자 하는 요소들을 내포하고 있기 때문입니다. 최종적으로 ④와 ⑨의 두 가지 선택이 남았습니다. 아직도 은희는 전 애인인 정민에게 돌아가고 싶은 마음이 강렬했기 때문에 두 가지 선택을 면밀히 비교하였습니다.

④는 정민에게 다시 시작하자고 매달리는 것이다.

장점: 그가 다시 돌아온다면 믿을 수 없으리만큼 기쁠 것이다. 그러나 기쁨이 얼마나 지속될까? 그가 나에게 두 번 다시 보기 싫다고 한 말에 이렇게 상처받았듯이 다시 상처받는 상황이 벌어질 테고, 전에도 그랬듯이 나를 버리지 않을까 전전긍긍해야 할 텐데.

단점: 그가 거절한다면 상처가 굉장히 클 텐데, 다시 버림받는 것을 견딜 수 있을까?

은희는 이것을 선택해야 할지 결정할 수 없었습니다. 그래서 2주 후에 결정하기로 미루어 두었습니다. 만약 그때도 정민과 연락하길 원한다면 그렇게 할 것 같았습니다.

다음으로 ⑨에 대해 고려했습니다. 은희는 다음과 같이 결정했습니다. '지금 이걸 실천하지 않을 이유는 없어. 정민과의 사이에 무슨 일이 있든, 엄마와 찬우와의 일을 정리해야 해.'

5, 6단계: 먼저 은희는 좀 다루기 쉬운 찬우와의 문제를 해결하기로 했습니다. 은희는 찬우에게 그의 우정에 항상 고맙게 느끼지만, 찬우가 그 이상을 원하는 걸로 느껴진다고 말했습니다. 하지만 아직은 정민에 대한 감정이 정리되지 않았기 때문에 다른 사람과 다시 사귀는 것은 어렵다고 했습니다.

은희는 엄마에게 이런 이야기를 하는 게 대단히 어려울 것을 알고 있기에 준비 단계로 엄마에게 말하고 싶은 것을 종이에 써 내려갔습니다. "엄마, 고민이 있어 털어놓고 싶어요. 엄마도 알듯이 정민 때문에 많이 속상한데, 엄마가 제 얘기를 들어 주셔서 감사해요. 그런데 한 가지 도움이 되지 않는 게 있어요. 엄마는 찬우가 제 기분을 풀어 주길 바라지만 그렇지 않아요. 차라리 저를 그냥 놔두는 것이 도와주는 길이에요."

은희는 엄마가 이 편지를 읽고 어떻게 반응할지를 생각했습니다. 엄마가 대단히 상심하고 화를 낼 가능성도 있습니다. 하지만 지금이 이 이야기를 하기에 가장 좋은 때라고 생각했습니다. 은희는 혹시 엄마가 상심하더라도 은희의 인생이기 때문에 오래 지나지 않아 자기를 이해하게 될 것이라고 생각되었습니다.

토요일 오후, 은희는 집에 엄마와 둘이 있고 편안한 시간이 되길 기다렸다가 엄마에게 이야기를 했습니다. 예상했던 대로 엄마는 매우 상심했습니다. 오직 은희를 위해 그렇게 한 것이며 찬우와 짝을 지으려고 계획적으로 일을 꾸민 거라는 은희의 생각은 사실이 아니라고 했습니다. 앞으로는 은희가 스스로 문제를 처리하도록 일절 상관하지 않을 거라고 했습니다. 은희는 엄마를 많이 상심케 하면서 대화를 끝냈지만, 자신의 행동이 옳았다는 확신을 가질 수 있었습니다.

7단계: 더 이상 엄마는 찬우를 초대하거나 그에 관한 이야기를 하지 않았고, 2주가 지난 후에 은희의 인생에 간섭하려 했던 것에 대해 사과했습니다. 찬우는 여전히 전화를 자주 했지만, 대화는 좀 더 가벼워 졌고 더 이상 찬우의 전화에 부담을 느끼지 않게 되었습니다. 스트레스와 부담이 줄어들어 은희의 폭식 또한 다소 완화되었고, 성공적으로 관계의 어려움을 해결했다는 사실은 그녀에게 폭식증에 대처하기 위한 더 많은 변화를 다루어 낼 수 있다는 자신감을 갖게 했습니다.

은희의 예를 통해 크고 복잡한 문제는 해결할 수 있는 작은 문제들로

나눌 수 있으며, 문제의 어떤 측면은 보류하는 것이 때로는 도움이 된다
는 것을 알 수 있습니다. 또한 어떤 문제에 대한 완벽한 해결책은 없다
는 것과 은희의 경우에서처럼 해결책을 고르는 데 있어서 스스로도 어
느 정도의 위험과 문제점을 떠안아야 한다는 것을 보여 줍니다.

보충자료

1. 식사일기를 쓰는 것을 치료적으로는 자기관찰(self-monitoring)이라고 합니다.
   특정 증상(생각, 감정, 신체감각, 행동 등)을 알아차리거나 특정 행동을 시작하게
   하거나, 그러한 행동을 악화 혹은 호전시키는 요인(감정과 같은 내적 요인 및 특
   정 환경 또는 다른 사람과의 상호작용 같은 외적 요인)을 알아차리는 것 등을 포
   함합니다. 그러나 이것은 단지 파악하는 것만을 의미하지는 않습니다. 자기관찰
   이 도움이 되는 이유는 자신에 대해 배우고, 목표를 정하고, 검토하고, 모니터링
   하는 수단으로 자기관찰을 사용할 수 있기 때문입니다.

   변화를 위한 계획이 성공하려면 당신의 행동 양상과 이를 초래하는 요인에 대해
   아는 것이 필요합니다. 자기관찰에서 가장 중요한 부분은 정서를 알아차리는 것
   입니다. 당신이 느끼는 감정을 명명하고 서술할 수 있고 (복잡한 감정을 포함해
   서) 그러한 감정이 얼마나 강한지 아는 것은 감정을 식히고 행동이 일어나는 것
   을 약하게 할 수 있습니다(감정 명명하기 기법). 그 이유는 감정을 구체적으로
   명명하는 것이 변연계를 약화시키는 뇌 부위를 자극할 수 있기 때문입니다
   (Craske, M. G., et al., Maximizing exposure therapy: an inhibitory learning
   approach. *Behaviour Research and Therapy*, 2014 Jul; 58: 10-23).

3장.
다이어트: 건강의 적신호

아름다움이란 관점에 따라 변하는 것

•

이상적인 몸매의 기준은 시대에 따라 변합니다. 패션 트렌드는 사람들의 욕망에 따라 새로운 변화를 추구합니다. 5년 후에는 어떤 체형이 선호될지 아무도 모르지만, 한 가지 분명한 것은 극소수의 여성만이 그 시대가 요구하는 이상적인 신체형에 해당될 것이란 사실입니다.

주연

17세 발레리나 주연은 선생님으로부터 기술과 표현력은 뛰어난데 가슴이 너무 크다는 지적을 받았습니다. 가슴 축소수술을 받는 게 좋다고 귀띔하셨습니다. 주연은 이러한 말에 매우 속이 상했습니다. 그녀는 언젠가 결혼을 하고 엄마가 되기를 바라고 있습니다. 발레를 위해서 성형수술을 꼭 해야만 하나? 주연은 다이어트가 답이라고 생각했습니다. 그래서 먹는 것을 극도로 줄였고 곧 폭식증이 생겼습니다. 체중은 줄기는커녕 오히려 늘었습니다.

이처럼 다이어트의 강력한 메시지는 여성에게만 영향을 주는 것이 아닙니다. 인공적인 체형에 맞추려는 잣대를 과격하게 적용하는 압박은 섭식장애를 유발하는 데 남성 또한 여성 못지않게 취약할 수 있습니다.

승호

운동 선수였던 승호는 자동차 사고로 결국 한 다리를 잃었습니다. 사고 전에 그는 멋진 몸을 만들기 위해 헬스 클럽에서 운동을 시작했습니다. 친구들은 근육을 만들기 위해 스테로이드를 복용해 보라고 했습니다. 승호는 스테로이드를 복용했고, 가족들과 여자친구는 그의 성격이 달라짐을 느꼈습니다. 승호는 점점 난폭해지고 사소한 말에도 성질을 내곤 했습니다. 어느날 운전을 하던 중 다른 차가 추월하자 격분해서 여자친구의 만류에도 불구하고 추격했습니다. 결국 이 교통사고로 인해 여자친구는 그 자리에서 사망했습니다.

미국에서는 스테로이드를 복용한 남자에 의해 벌어지는 살인 사건이 몇 차례 있었습니다. 아름다워지기 위한 사람들의 피눈물 나는 노력, 감수하는 위험, 치르는 대가, 신체에 해를 주는 행동 등은 매우 충격적일 정도이며 다른 사람들은 이해하지 못하는 경우도 많습니다. 아마도 이것은 인간 본성의 일부일지 모릅니다.

운명과 신에 대한 믿음을 잃어버리게 되면서 인간들은 점차 욕망과 자연의 섭리까지도 자신이 조정하려 합니다. 이제 사람들은 더 이상 "그녀는 타고났어." "신이 준 미모야."라고 말하지 않습니다. 미의 기준에서 벗어나 있다면 엉망이고, 게으르고, 나쁜 습관을 가진 것이라 비난받는 반면, 아주 열심히 노력하고 약, 다이어트, 운동, 수술에 돈과 시간을 투자한다면 예뻐질 수 있다고 생각하게 되었습니다.

건강한 체중의 범위

●

〈표 3-1〉은 대부분의 사람의 키에 따른 적정 체중의 범위입니다. 키나 발 크기처럼 건강한 체중의 범위도 매우 넓습니다. 발이 더 큰 사람이 있듯, 어떤 사람은 다른 사람에 비해서 체중이 좀 더 많이 나갑니다(마른 체형을 선호하는 현재의 유행은 고대 중국에서 여성들에게 전족을 시켰던 유행과 비교하면 될 것입니다). 심한 과체중이나 저체중은 건강의 적신호이며 생명을 단축시킵니다.

만약 키에 비해 체중이 많이 나간다면, 7장에서 당신을 위해 특별히 쓰인 내용을 읽도록 하세요.

〈표 3-1〉 키에 따른 적정 체중

키(ft/ins)	키(meters)	체중(lbs)	체중(kg)
5′ 0″	1.50	100 ~ 124	45 ~ 56
5′ 1″	1.52	102 ~ 128	46 ~ 58
5′ 2″	1.56	106 ~ 133	48 ~ 60
5′ 3″	1.58	109 ~ 135	49 ~ 61
5′ 4″	1.61	113 ~ 141	51 ~ 64
5′ 5″	1.63	114 ~ 143	52 ~ 65
5′ 6″	1.66	119 ~ 150	54 ~ 68
5′ 7″	1.68	124 ~ 153	56 ~ 69
5′ 8″	1.70	128 ~ 159	58 ~ 72
5′ 9″	1.73	133 ~ 165	60 ~ 75
5′ 10″	1.75	135 ~ 170	61 ~ 77
5′ 11″	1.77	140 ~ 175	63 ~ 79
6′ 0″	1.80	141 ~ 177	65 ~ 81

어느 정도의 체중이 나에게 적절한가?

체중과 체형은 주로 물려받은 체질에 의해 결정됩니다. 부모로부터 받은 유전인자는 변화시킬 수 없습니다. 당신의 체형을 결정하는 물려받은 체중과 체형을 가늠하기 위해서는 다음과 같이 해 봅니다.

- 일기장에 가계도를 그린 다음, 가족 구성원들의 체중과 체형을 적어 보세요.
- 할아버지, 할머니와 그분들의 형제들, 아버지, 어머니와 그분들의 형제들이 당신 나이였을 때의 사진을 모아 앨범을 만들어 보세요.

애영

애영의 친척들은 뚱뚱한 편입니다. 어머니, 이모, 외할머니 모두 풍채가 당당한 체형이셨습니다. 초등학교 때 애영은 친구들 중에 가장 컸고 조숙했습니다. 중학교 때는 생리를 시작한 것이 부끄러웠습니다. 패션 잡지를 보다가 자신의 체중이 이상적인 체중보다 6kg 이상 더 나간다는 것을 읽고 다이어트를 시작했습니다. 그 후 애영에게 폭식증이 시작되었고 아무리 노력해도 목표한 체중에 도달할 수 없었습니다.

만일 애영처럼 당신 가족들도 대부분이 뚱뚱한 편이라면 당신의 건강한 체중을 정상 범위 체중의 상한선으로 설정할 필요가 있습니다. 근육이나 뼈는 지방에 비해 훨씬 무겁습니다. 당신이 운동선수이거나 가족들이 운동선수의 골격을 가졌을 경우에도 목표 체중을 정상 범위의 상한선으로 설정할 필요가 있습니다. 마찬가지로, 만약 가족 모두가 뼈가 굵은 편이라면 당신의 복표 체중은 정상 범위의 상한선이어야 합니다.

섭식장애로 고통 받는 많은 사람에게 건강한 체중은 섭식문제가 시작되기 전의 체중을 의미합니다. 하지만 지금 당신은 이 말을 받아들이는 것이 어려울 것입니다.

체중의 기복이 정상인가?

사람의 체중은 정상적으로 2kg 또는 그 이상의 범위에서도 변동이 있습니다. 어느 날 체중이 2kg 늘었다 하더라도 그런 식으로 계속 오르지는 않습니다.

급격한 체중 변화는 정상인의 경우 잘 일어나지 않지만 섭식장애 환자에게는 수분의 이동으로 인해 일어납니다(5장). 그러므로 매일 체중을 재면서[1] 몸을 조절하려는 노력은 의미가 없습니다. 더욱이 그러한 노력은 당신을 불안하게 만들 수도 있습니다.

> • 대담해지세요. 체중계를 없애 버리세요. 남에게 줘 버리거나, 쉽게 손이 닿지 않는 곳(다락방이나 선반 등)에 두세요.
> • 그렇게 할 만큼 용감하지 않다면, 체중 재는 횟수를 줄이기 위한 단계적 계획을 세우세요. 일주일에 딱 한 번만 몸무게 재는 것을 목표로 하세요.

체중만이 건강의 유일한 지표인가요?

아닙니다. 엉덩이둘레 대비 허리둘레의 비가 건강의 좀 더 정확한 지표입니다. 엉덩이둘레 대비 허리둘레의 비가 0.9 미만인 것이 바람직합니다. 즉, 허리둘레는 엉덩이 둘레의 9/10 미만이어야 합니다. 서양 배 모양의 여성 체형이 건강하고 질병의 위험도도 낮은 체형이라고 할 수 있습니다.

원시인은 아이스크림을 먹지 않았습니다

현대인이 직면한 새로운 두 가지 환경에 인류의 진화와 인간의 유전자는 아직 적응하지 못했습니다. ① 현대인의 대부분은 운동을 거의 하지 않고, 많은 시간을 앉아서 보냅니다. ② 현대인의 식사는 고지방 음식과 고열량 음식을 포함하고 있습니다. 사람들이 원하는 이러한 음식들은 맛있고, 저렴하며, 구입하기 쉽습니다.

다이어트는 효과가 없다

우리 사회에서 체중 감량에 대한 압박을 가장 많이 받는 사람은 체질적으로 과체중이 되기 쉬운 사람들입니다. 그러나 다이어트는 해답이 아닙니다. 경험에 의해 얻은 법칙은 '다이어트는 효과가 없다'는 것입니다. 다이어트를 통해 단기적으로 체중을 줄일 수는 있지만, 더 경직되고 더 극단적인 체중 감량 방법을 고수할수록 체중 감량의 성공이 지속되긴 어렵습니다. 장기적으로는 이러한 체중 감량 방법을 지속하게 되면 빠진 살이 다시 돌아오고, 오히려 다이어트 이전보다 더 찌게 됩니다. 그리고 말할 것도 없이 이러한 다이어트는 폭식을 촉발시키는 강력한 방아쇠가 됩니다.

가까운 서점이나 인터넷을 뒤져 보세요. 다이어트에 관해 얼마나 많은 책, 잡지, 기관, 인터넷 사이트가 있는지 알면 놀랄 겁니다. '다이어트'라는 한 항목에 대한 시장이 어떻게 이처럼 클까요? 왜 매년 새로운 다이어트 방법들이 쏟아질까요? 그 답은 물론 다이어트가 효과가 없기 때문입니다. 다른 것에 중독되는 것처럼 다이어트도 당신의 인생을 옭아맬 수 있습니다.

심지어는 의사들마저도 이런 선전에 영향을 받아서 건강하려면 체중이 적게 나가야만 한다며 살 빼기를 권합니다.

지영

지영은 발목에 문제가 있어서 병원에 갔다가 과체중이라는 말을 들었습니다. 지영은 다이어트를 시작했고 체중은 줄었지만 곧 폭식증이 나타났습니다. 20년이 지난 후 섭식장애 클리닉을 방문한 지영은 치아가 부식된 상태였습니다. 지영을 진료한 외과 의사는 지영이 오랫동안 다량의 하제를 남용했기 때문에 대장 기능이 망가져서 장의 일부를 절제해야 한다고 말했습니다.

다이어트의 해악

●

미국의 대규모 연구 결과, 체중의 기복이 큰 사람들, 즉 수많은 다이어트를 시도하고 있는 사람들은 심장병으로 사망할 위험성이 높다고 했습니다. 한 연구에서는 다이어트를 심하게 하는 사람의 조기 사망 위험이 고도 비만 환자에서보다 높다고 결론 지었습니다.

다이어트는 위험하다

체중 감소는 당신의 신체적·정신적 건강에 큰 영향을 줍니다.

1. 굶는 것이 신체에 미치는 영향

① 추위에 예민해짐: 손발이 차고 동상에 걸리기 쉽습니다.

② 수면 장애: 밤에 자주 깨거나 새벽 일찍 깹니다.

③ 방광기능 약화: 밤낮으로 자주 소변을 봅니다.

④ 전신의 체모가 증가합니다.

⑤ 혈액순환 장애, 서맥, 졸도를 초래할 수 있습니다.

⑥ 뼈 약화: 골절되기 쉽고, 뼈의 변형이 일어나기 쉽습니다.

⑦ 월경불순이나 무월경: 일반적으로 생리는 신체의 15%가 지방으로 구성된 여성에서만 가능합니다.

⑧ 위가 줄어 조금만 먹어도 더부룩합니다.

⑨ 장 기능이 저하되고 변비가 생길 수 있습니다.

⑩ 적혈구, 백혈구를 만드는 골수의 기능 저하와 빈혈을 유발할 수 있

습니다.

⑪ 간에 영양 공급이 부족하여 간 기능이 손상되어 체내 단백질 생성이 불가능해집니다. 결과적으로 발목과 다리에 부종이 생깁니다.

⑫ 에스트로겐 부족 및 간 기능 저하로 혈중 콜레스테롤이 상승합니다(폐경 전 여성에서 에스트로겐은 심장 발작을 막는 것으로 알려져 있습니다).

⑬ 피곤함과 기력 저하는 근육의 위축과 마비를 초래합니다.

⑭ 청소년의 경우 발육이 저하되고 사춘기가 지연됩니다.

2. 굶는 것이 정신상태에 미치는 영향

① 우울한 기분이 되어 자주 울거나 비관적이 됩니다.

② 음식에 대한 집착이 생기고 과식하고 싶은 강한 충동에 사로잡히게 됩니다.

③ 사람들과 관계를 맺을 수 있는 능력과 관심이 떨어집니다.

④ 집중력이 저하되고 자신의 기능을 충분히 발휘하기 어려워집니다.

⑤ 사소한 어려움도 극복하기 어렵게 느낍니다.

⑥ 복합적인 사고 기능이 감퇴됩니다.

이상의 목록들은 익히 알려져 있고 대단히 단조로운 내용이지만, 굶는 것이 우리 몸과 정신에 미치는 영향에 관해 이야기한 많은 소설도 있습니다.

이 책을 읽는 당신은 "전에는 체중이 줄었지만 그 이후로는 체중이 늘었어요. 그래도 이런 단식의 문제들이 아직도 나에게 해당이 되는 건가요?"라고 묻고 싶을 수 있습니다. 답은 명백히 "예"입니다. 왜냐하면 대개의 경우 단식과 폭식이 교대로 반복되기 때문입니다. 만약 4시간 이상 먹지 않는다면, 신체는 자동적으로 단식 대비 모드로 전환되어 모든 대사 과정은 열량 보존 체제로 바뀝니다.

얼마나 먹어야 하나요

●

식욕은 에너지 소모와 밀접하게 연결되어 있습니다. 이것을 대사율이라고 합니다. 운동하거나, 추운 날씨에 신체는 더 열심히 일해야 하고, 더 많은 에너지를 필요로 합니다. 호르몬 변화도 신진대사에 영향을 미칩니다. 여성의 몸은 배란 후 생리 전까지의 기간 동안 대사가 활성화되어 다음 배란을 준비합니다. 이것을 알 수 있는 한 가지 방법은 배란 후 체온 상승입니다. 많은 여성들이 생리 전에 식욕이 상승하여 당황한 경험이 많을 겁니다.

사람들마다 필요로 하는 에너지의 양이 다릅니다. 사람마다 기초 대사율이 다르다는 말입니다. 그리고 앞서 언급된 요인들은 당신의 에너지 요구량을 변화시킵니다. 음식 섭취를 줄이면 신체는 곧 에너지 소비를 강력하게 단속하는 체제로 돌입하고 체중 감소는 더 어려워집니다. 당신이 다이어트를 반복할수록 신체는 좀 더 신속하고 좀 더 효율적으로 이와 같이 반응할 겁니다. 이 과정을 일컬어 '다이어트의 요요 현상'이라고 하고 다이어트를 자주 하는 경우에 흔히 나타납니다.

젊은 여성의 경우 반드시 1,500칼로리 내지는 2,000칼로리 정도의 열량을 섭취해야 합니다. 활동량이 많거나 성장기이거나, 남성의 경우 그 이상의 열량이 필요할 수 있습니다. 일일이 칼로리를 계산하기보다는, 다른 사람이 보통 먹는 양만큼이나 1인분 정도로 파는 양에 근거하여 얼마나 먹을지를 결정하는 것이 좋습니다.

최적의 체중과 체형 갖기

●

식사 간의 간격이 길면 몸은 저장 모드로 바뀌어 앞으로의 굶주림에 대비해서 신체에 에너지를 축적합니다. 이렇게 되면 신체에 지방과 근육 조직 간의 균형이 와해되며, 체내 근육을 유지하고자 체중이 늘어나게 됩니다. 밤 동안의 음식 섭취도 체내에 마찬가지로 작용합니다. 이때 몸의 호르몬은 수면 중 공복을 대비해 에너지를 지방으로 저장하려고 합니다.

미연

미연은 남편과 결혼해서 지방에서 서울로 이사를 왔습니다. 그녀는 곧 임신을 했고 예전 친구들과 자주 연락하기 어려워졌습니다. 시집 식구들과 친지들은 그녀에게 그다지 호의적이지 않았고, 그녀는 매우 외롭다고 느꼈습니다. 친정 식구들은 지방에 살고 있었고 그녀는 도움을 청할 사람이 아무도 없었습니다. 미연의 식사 문제는 걷잡을 수 없이 나빠졌습니다. 매일 아침이면 아무것도 먹지 않겠다고 굳게 결심하고 또 그렇게 했습니다. 하지만 하루 종일 아무것도 먹지 않은 상태로 시장을 보고 집에 돌아오자마자 과자 6~7봉지를 먹은 다음 또 초콜릿을 먹었습니다. 이런 폭식을 만회하기 위해서 다음 날에는 굶으려는 노력을 갑절로 합니다. 그러나 그녀의 체중은 나날이 증가해 갔습니다.

당신에게 적합한 체중을 갖기 위해서는 다음과 같이 합니다.

- 저녁이 되기 전에 하루 섭취량의 대부분을 먹습니다. 할 수 있다면 그날의 주식을 점심에 먹습니다.
- 매일 일정한 시간 간격으로 적당량을 먹습니다(세끼 식사 외에도 두세 번의 간식을 먹을 수 있습니다. 특히 단백질이 풍부한 간식은 공복감을 달래는 데 도움이 됩니다).
- 규칙적으로 운동하되 심하게 운동하지 않습니다.
- 지방 섭취량을 제한하되, 단백질과 탄수화물의 섭취를 적절하게 합니다.
- 과식할 수도 있는 뷔페나 코스 요리가 제공되는 자리는 피합니다.

시작하기

식사를 조절하기 위한 첫 단계는 규칙적으로 식사를 하는 것입니다. '아침부터 먹기 시작하면 하루 종일 폭식하게 될 것이다.'라고 생각한다면, 맞습니다. 아마도 얼마간은 식사 후에도 먹는 것을 멈출 수 없을 것이기에 당신은 더 많은 주의를 기울여야 할 것입니다. 당신은 '만약 ~하면, ~할 것이다'라는 문장을 염두에 두면서, 큰 소리로 말해 볼 필요가 있습니다. 예를 들어, "만약 식사를 해도 포만감이 느껴지지 않는다면, 밖으로 나가 산책을 하거나 즐거움을 주는 취미 상자를 열어 볼 거예요."라고 말할 수 있습니다(취미 상자는 음식에 대한 생각이 없어질 때까지 주의를 환기시키기 위한 것들이어야 합니다. 사진첩 정리하기, 페이스북 하기, 친구에게 이메일 보내기, 서랍 정리하기, DIY 만들기 등을 예로 들 수 있습니다).

이 단계는 회복 도우미에게 도움을 요청할 수 있는 좋은 기회입니다. 당신이 이 어려움을 극복하기 위해서는 도움이 필요하며, 당신의 치료 계획에 매우 중요하다는 것을 설명해 주세요. 규칙적인 식사는 반드시 지켜야 할 필수적인 목표이기 때문입니다.

이 단계에서는 체중을 줄이려고 하지 말아야만 합니다. 만일 체중을 줄이려고 한다면 폭식증의 악순환이 계속될 것입니다. 당신이 "**살을 빼는 것을 그만둘 수 없다. 내게 너무 중요하다.**"라고 한다면, 대단히 중요한 것을 포기하기가 매우 어려운 것처럼 체중 조절을 포기하는 것이 너무 두렵고 힘들 것입니다. 이런 경우 체중 조절을 잠시만(하루, 일주일, 한 달, 6개월)이라도 미루어 두자고 스스로 설득하는 것이 좀 더 쉽고 덜 두려울 겁니다.

만일 식습관이 덜 무질서하게 개선된다면, 체중은 규칙적인 식사를 통해 오히려 감소하고, 지방이 줄고 근육이 늘면서 신체 조직의 균형이 좀 더 건강하게 바뀔 것입니다.

1. 계획 A: 식습관이 아주 무질서한 경우

당신의 식사 양상이 매우 혼란스럽다면 규칙적인 식사를 위한 목표를 단계별로 계획을 세워 실천해 나가세요. 예를 들면, 점심에 치즈 샐러드와 볶음밥을 먹을 수 있나요? 단번에 너무 용감해지려고 하지 말고, 덜 두려운 것부터 시작하세요. 안전하게 먹을 수 있는 메뉴를 선택하고, 폭식 없이 식사를 끝낼 수 있는 식단을 짜 보세요. 회복 도우미와 의논하고 도움을 받으세요. 당신이 정한 메뉴를 매일 먹는다고 약속할 수 있나요? 2보 전진에는 1보 후퇴도 있을 수 있다고 예상하고 꾸준히 노력하는 것이 중요합니다. 정상적인 식사를 한 번 할 때마다 당신은 작지만 성공을 한 것입니다.

- 먹기에 부담이 적은 식사 메뉴 목록 10가지를 적어 보세요.
- 이를 가장 어려운 것부터 아래에서 순서대로 적어 올라가 보세요.
- 목록의 가장 위에 적은 쉬운 메뉴부터 시작하세요.
- 오후 3시 전의 쉬운 시간에 이 메뉴들을 시도하세요.

어떻게 하면 폭식이 안 일어나게 할 수 있을까? 몇 가지 방법을 생각해 보면서 스스로에게 물어보세요.

- 이 식사를 함께 할 다른 사람이 있나요?
- 식사를 사람들의 눈에 띄는 식당에서 할 수 있나요?
- 식후 30분간 즐겁게 할 수 있는 일이 있나요?

식사 전, 식사 도중 혹은 식사 후 불안이나 죄책감의 수준이 높을 수 있습니다. 불안과 죄책감을 다루기 위해서는 다음과 같이 합니다.

- 종이 또는 수첩과 펜을 준비하세요. 당신이 느끼는 온갖 감정들의 이름을 써 보세요.[2] 가로줄을 그리고(다른 감정들을 느낀다면 여러 줄을 그리세요), 0부터 10까지 표시하세요[0=느끼는 정서 없음(예: 불안), 10=매우 심한 정서를 느낌(예: 공황수준의 극도의 불안 혹은 죄책감에 휩싸임)].
- 지금 당신의 불안/죄책감이 어느 정도인지 표시하세요.

- 식사하는 동안과 식후 2시간까지 5분마다 불안/죄책감 수준이 어느 정도인지 표시하세요. 당신의 회복 도우미가 수준을 표시하는 데 도움을 줄 수 있을 것입니다.
- 당신에게 이러한 감정이 들 때 머릿속을 스치는 생각이 있습니다. 그 생각은 모호할 수도 있고, 당신을 혼란스럽게 할 수도 있습니다. 생각이 불완전하고 두렵고 황당하더라도 상관없으니 적어 보세요.
- 다음 몇 시간은 목록에 빠진 것이 있다면 추가하면서 시간을 보내세요.
- 다음날 같은 식사를 할 때 어제 적은 노트를 꺼내서 이 과정을 반복하세요. 그리고 매일 하세요.
- 하루 중 당신의 마음이 가장 편할 때 이 노트를 꺼내 당신이 썼던 생각들을 읽어 보세요.
- 적은 것을 친한 친구에게 보여 주세요. 보여 주기가 어렵다면 그 친구에게 보여 주는 상상을 해 보세요.
- 당신의 노트를 본 친구가 뭐라고 할까요?
- 친구에게 이 절을 읽게 해 보세요. 그들이 당신의 생각에 대해 뭐라고 할까요?
- 노트에 친구의 반응과 말을 그대로 적어 보세요.
- 당신이 먹는 것에 대한 생각을 적은 목록의 마지막에 친구들이 말한 것에 당신이 얼마나 동의하는지를 0에서 10까지 중에서 평가해 보세요.
- 이 과정을 매일 반복하세요.
- 음식을 대할 때 드는 새로운 다른 생각이 있다면 놓치지 마세요.
- 이런 생각에 대한 당신의 반응(감정, 행동, 생각)을 적어 보세요.

- 매일 같은 종류의 음식을 같은 방법으로 식사해서 불안의 정도가 처음보다 2점 감소할 때까지 지속하세요. 그런 다음에 식사 목록의 다음 항목을 시도해 보세요.
- 다음 메뉴를 가지고 이전의 과정을 똑같이 반복하세요. 일단 두 가지 서로 다른 음식들에 대해 성공적으로 식사를 했다면 매일 오후 3시 전 식사시간에 아침과 점심을 다른 메뉴로 먹도록 하세요. 이때 식사 과정은 전과 같은 방법으로 진행하세요. 그런 다음에는 오후 3시 이전에 두 끼의 식사와 한 번의 간식을 먹도록 하세요. 지금 당장은 당신의 식사가 단조로울지라도 걱정 마세요.[3]

2. 계획 B: 어느 정도는 식사의 틀이 잡혀 있는 경우

만일 식사 양상이 어느 정도 틀이 잡혀 있다면 식사량은 어떤가요? 매일 아침, 점심 식사시간에 충분한 열량을 섭취하나요?

- 점진적으로 오전 시간에 열량을 섭취하는 것으로 바꾸어 가세요. 하루 열량의 30%는 아침, 40%는 점심에 섭취하세요.

새로운 식습관에 익숙해지는 방법

●

- 음식이 보관되고 조리되는 장소에서 떨어진 다른 장소에서 식사하세요. 식사나 간식 모두 이곳에서 드세요.

- 가능한 한 최대한 음식을 맛깔나고 보기 좋게 하세요.
- 식탁을 멋있게 장식하고 식탁보, 냅킨, 수저 받침대, 식기 등을 잘 차려 놓으세요.
- 부엌에서 먹을 양만 덜어서 식사 장소로 가져오세요.
- 식사를 하면서 텔레비전을 본다거나, 라디오를 듣는다거나, 책을 읽지 마세요. 식사시간 15분은 식습관을 새로 배우기 위해서 비워 놓은 시간이니 식사에만 집중하세요.
- 식사 시작 전 30초간 준비된 음식을 바라보세요. 한 입을 입 안에 넣고 씹을 동안에는 수저를 식탁에 내려놓으세요. 그릇에 담긴 음식이 어떻게 보이나요? 입 안에 씹히는 음식 맛이 어떤지 느껴 보세요. 오랫동안 씹은 다음에 삼키도록 하세요.

무엇을, 언제 먹어야 하는가?

이상적인 식사란 세끼에 열량이 균등하게 배분된 식사와 약간의 간식입니다. 세끼 주 식사는 단백질(달걀, 고기, 생선, 콩, 치즈 등)과 탄수화물(밥, 국수, 감자, 빵 등)이 영양상 균형 잡혀 있어야 합니다.
여기에서 다음과 같은 사항을 기억하세요.

- 단백질이 다른 품목에 비해 칼로리 면에서 더 만족스럽습니다.
- 따뜻한 음식이 찬 음식보다 식사 후 만족스럽습니다.
- 고형 음식이 유동식보다 좀 더 낫습니다.

차나 과일 등의 간식이 전혀 없이 3시간 이상 지나지 않도록 주의하세요.

〈표 3-2〉는 폭식증으로 체중이 증가한 태연의 다이어트 계획입니다. 태연은 이대로 해서 체중이 줄어 정말 놀랍고도 기뻤습니다.

⟨표 3-2⟩ 태연의 다이어트 계획

시간	식사	음식 내용
오전 8:15	아침 식사	적당량의 잡곡빵, 저지방 우유, 오렌지 주스, 잼, 버터
오전 10:30	오전 간식	저지방 우유가 든 커피, 과일 1개
낮 12:30	점심 식사	밥 적당량, 국, 고기반찬, 야채반찬, 디저트는 떠먹는 요구르트
오후 3:30	오후 간식	저지방 우유, 과일이나 요구르트나 비스킷 2조각
저녁 6:30	저녁 식사	점심 식사와 같음, 과일이나 요구르트, 물 1컵
	저녁 간식	저지방 우유에 탄 따뜻한 코코아

- 매일 꼭 같은 내용의 식사를 하는 게 더 수월하며, 점차적으로 다양한 음식을 먹는 편이 좋습니다. 예를 들면, 닭고기 대신 생선, 사과 대신 다른 과일 등입니다.
- 지혜로워지세요. 회복 여행은 거북이처럼 천천히 해야 합니다. 오래된 습관을 바꾸는 것은 쉽지 않지만, 반드시 바꿀 수 있습니다.

언제 그만 먹을 것인가

신체는 식사를 멈추게 하고자 많은 신호를 사용합니다. 하지만 폭식증에서는 이 정교한 신호 체계가 와해됩니다.

① 한 끼의 식사가 얼마만큼인지: 모든 동물은 먹을 것을 보면 얼마나 먹으면 어느 정도의 열량과 영양을 섭취할지 본능적으로 알고 있습니다.

② 음식의 맛과 냄새는 이 음식이 우리 몸에 들어가 혈당을 얼마나 높일지를 알게 하는 중요한 단서입니다.

③ 위에서 느끼는 포만감은 충분한 영양소를 섭취했다는 또 하나의 지표입니다.

④ 마지막으로 음식 섭취 후 혈액 속에 흡수된 영양소에 의해서 식후 몇 시간 동안은 포만감을 느낍니다.

식사를 끝내게 하는 이러한 정상적인 신호들이 폭식증에서는 망가져서 당신은 식사를 언제 끝내야 할지를 모를 수 있습니다. 그래서 식사를 끝내게 하는 방법이 필요합니다.

수민

수민은 무엇을 먹든, 언제 먹든, 폭식으로 끝날 거라는 것을 알고 있습니다. 또한 다른 사람들과 함께 있는 자리에선 아무것도 먹지 않았습니다. 그래서 친한 친구에게 도움을 요청하였습니다. 식사를 멈추라는 신호를 스스로에게 각인시키기 위해, 수민은 같은 기숙사에 있는 친구에게 그녀가 방에서 식사할 경우 15분이 지나면 노크를 해서 자신과 함께 식사를 정리하고 커피를 마시며 한 시간 동안 같이 있어 달라고 부탁했습니다.

또 다른 방법으로는 식사를 마치는 신호로 어떤 음식을 사용하는 것입니다.

기영

기영은 원룸에서 혼자 자취를 하고 있습니다. 기영은 매 식사의 마지막에 자몽을 먹기로 결정했습니다. 강한 쓴맛의 자몽을 먹는 의식적인 행동이 식사를 마치기 위한 강력한 끝맺음 신호가 되었습니다.

식사를 멈추게 할 수 있는 성공적인 신호들과 다음 식사시간까지 음식으로부터 주의를 돌릴 수 있는, 다양한 방법들을 생각해 볼 수 있을 것입니다.

보충자료

1. 당신은 하루에도 몇 번씩 체중을 재며 체중이 늘까 봐 불안한 마음을 달래려 할 수 있습니다. 이렇게 하는 것이 일시적으로 불안을 잠재울 수는 있습니다. 그러나 전문가들의 연구 결과, 장기적으로는 이러한 행동이 불안해하는 문제에 집착하게 하고, 도움이 안 되는 믿음을 바꾸어 나가는 새로운 경험을 습득하는 것을 방해합니다(Craske, M. G., et al., *Behaviour Research and Therapy*, 2014 Jul; 58: 10-23).

2. 이미 2장의 보충자료 1에서 서술했듯이, '감정 명명하기 기법'을 사용해 보세요. 당신이 느끼는 상태(감정과 정서가 혼합된 복잡한 상황을 포함하여)에 이름을 붙이고 서술하는 것은 감정을 식히고 정도를 약화시키도록 도와줍니다. 그 이유는 감정 반응을 명명하는 것은 변연계를 약화시키는 뇌의 부위를 활성화하기 때문입니다(Craske, M. G., et al., Maximizing exposure therapy: an inhibitory learning approach. *Behaviorur Research and Therapy*, 2014 Jul; 58: 10-23).

3. 우리는 궁극적으로 당신이 열량이 다른 다양한 음식을 먹을 수 있기를 바랍니다. 그러나 처음에는 당신이 다룰 수 있는 목표로 시작하고, 점차 야심찬 목표로 옮겨 가는 것이 낫습니다.

4장.
끝없는 식탐의 블랙홀

폭식을 뜻하는 'bulimia'는 '황소처럼 먹는'이란 뜻입니다. 폭식증이 있는 대부분의 사람들은 자신의 문제의 핵심이 음식을 통제하지 못하는 것이라고 생각합니다.

영준

22세 대학생인 영준은 자신의 폭식을 다음과 같이 묘사했습니다.

"한번 먹기 시작하면 배가 완전히 꽉 차서 더 이상 먹을 수 없을 때까지 먹어요. 때로는 배가 터질까 봐 걱정돼요. 거의 숨 쉴 수 없을 지경이죠. 너무 빨리 먹어서 뭘 먹고 있는지도 몰라요. 씹지도 않아요. 이런 행동을 할 때 최악은 자제할 수 있는 범위를 완전히 벗어났다는 느낌이고, 폭식이 나를 압도하여 배가 불러 도저히 못 먹을 때까지는 스스로 멈출 수 없다는 겁니다."

폭식하는 동안 먹는 양과 먹는 음식의 종류는 사람마다 다릅니다. 폭식은 '매우 많은 양의 음식을, 빨리, 스스로 조절할 수 없는 상황에서 먹는 것'이라고 정의됩니다. 다소간의 과식은 많은 사람이 흔히 경험하는 것으로 건강에 해롭지는 않습니다.

어떤 사람들은 정확한 의미에서 폭식이라고 말하긴 어려우나, 하루 종일 쉴 새 없이 군것질을 하기도 합니다.

소희

소희는 여섯 살 때 부모님이 이혼한 뒤 매우 어려운 어린 시절을 보냈습니다. 이혼 후 어머니는 남자친구를 자주 바꾸었습니다.

"새 남자친구가 생기면 엄마는 내가 안중에도 없었어요. 엄마는 밤에 자주 남자친구와 외출했습니다. 그럴 때 엄마는 나에게 집 잘 보고 있으라고 용돈

을 쥐어 주곤 했습니다. 얼마 있다가 둘은 심하게 싸우고 헤어집니다. 그리고
나면 엄마는 화가 나고 좌절해서 며칠이고 방에서 나오지 않습니다. 그럴 때
면 나는 먹는 것으로 달래는 것 외에는 할 일이 없었습니다. 무서운 외로움에
서 벗어나려고 아침부터 저녁까지 앉아서 과자며 단것들을 끊임없이 먹었습
니다. 열다섯 살에 70kg이 넘었고, 내 키는 겨우 157cm였습니다. 학교에 가면
누구도 나와 놀아 주지 않았습니다. 나는 점점 더 먹었습니다."

이제 소희에게는 자상한 남편이 있고 안정적인 관계를 유지하고 있지만,
남편이 없을 때면 아직도 많이 먹습니다.

"남편이 며칠 동안 출장을 가면, 혼자 집에 앉아 하루 종일 천천히 음식을
먹습니다. 계속적으로 손과 입을 바쁘게 해야만 할 것 같습니다. 아무도 나를
돌봐 주지 않던 어린 시절이 회상되기도 합니다. 때로는 왜 먹는지도 모르면
서 하루 종일 먹고 있습니다."

다음에 기술할 것들은 주로 폭식에 관한 내용들이지만, 만일 당신이
종일 주전부리를 달고 살거나, 먹는 것을 위안거리로 삼거나, 습관적 과
식을 하는 사람이라 하더라도 비슷하게 적용할 수 있습니다.

폭식하거나, 주전부리를 달고 살거나, 먹는 것을 위안거리로 삼는 많은
경우 단것이나 맛있는 것을 그 대상으로 합니다. 어떤 사람들의 경우 이
런 음식들을 좋아하지만 평소에는 건강에 좋지 않은 음식이라 자제하다
가 폭식할 때만 먹습니다. 또 어떤 사람들의 경우엔 음식의 종류에 상관
없이 평소 별로 좋아하지 않던 음식이더라도 닥치는 대로 먹어 치워 버립
니다. 어떤 사람들은 꽁꽁 언 냉동음식을 먹어 버리기도 하고, 쓰레기통
을 뒤지기까지 합니다. 주기적으로 폭식이나 과식을 하곤 수치심을 느끼
고 자존심에 심한 손상을 입고 실패한 인생을 살고 있다고 느낍니다.

왜 나는 먹는 것을 조절할 수 없을까

●

폭식은 의지가 약한 결과가 아닙니다. 폭식에 관해서는 많은 중요한 생물학적, 심리적 이유들이 있습니다.

생물학적 이유

폭식은 단식의 직접적인 결과가 될 수 있습니다. 음식을 먹고 싶다는 갈망은 생존에 절대적으로 필요한 양의 영양이 공급되고 있지 못하고 있음을 알려 주는 신호입니다. 이런 갈망은 지속적일 수도 있고, 일시적일 수도 있습니다. 덜 먹으려고 애쓸수록 폭식하기 더 쉬워집니다. 폭식한 다음 한동안 절식하는 것은 오히려 악순환을 초래합니다. 불행하게도, 이렇게 되면 몸은 자동적으로 다음 폭식을 프로그래밍합니다. 게다가 술과 약물은 자제력을 감소시켜 더 쉽게 폭식하게 만듭니다.

앞에서 설명했던 바와 같이, 단식과 폭식을 반복하는 것은 중독되었을 때의 뇌와 같은 변화를 초래할 수 있습니다. 이렇게 되면 갈망하는 것이 머릿속에 각인되는데 이러한 패턴이 형성되면 폭식을 멈추는 것이 더 어려워집니다.

심리적 이유

권태감, 우울, 스트레스, 긴장, 외로움 등의 부정적인 감정은 폭식을 불러일으킵니다. 적어도 폭식을 시작할 때만은 음식이 위로가 되고 이런 부정적인 감정을 견디기 쉽게 해 주기 때문입니다. 때로는 엄격하고 심한 다이어트 중의 조그만 실수에 낙담하여 조절을 완전히 포기해 버리고 폭식해 버리는 경우도 있습니다.

생리적 이유와 심리적 이유는 따로따로 일어나는 것이 아니라, 대개 동시에 일어납니다.

어떻게 폭식을 멈출 것인가

●

많은 사람이 폭식만 아니면 전혀 문제가 될 것이 없다고 생각합니다. 불행하게도 하나의 증상으로서의 폭식은 단독으로 치유될 수 없습니다. 폭식의 생리적 측면을 극복하기 위해서는 다음 사항이 필요합니다.

- 식사시간에 맞춰 규칙적으로 식사하면(2장을 참고하세요) 몸에 필요한 적절한 영양을 공급받게 되고 음식에 대한 갈망이 줄게 됩니다.
- 폭식을 했을지라도 다음 식사를 거르지 않아야 합니다. 다음 식사를 거르게 되면 또다시 폭식하게끔 프로그래밍되어 버립니다.
- 폭식 후의 보상 행동(예: 구토)을 통제하도록 합니다(5장을 참고하세요).

이렇게 한나면 폭식의 횟수와 강도가 곧 줄게 될 것입니다.

단것에 중독되었나요?

폭식증의 경우 음식, 특히 단것에 대한 갈망이 너무 커서 마치 중독된 것처럼 보입니다. 일단 단것을 먹고 나면 점점 더 먹고 싶어서 결국 자제력을 완전히 상실해 버렸던 경험을 해 봤을 것입니다. 단 음식은 다른 음식보다 체내에 빨리 흡수되어 혈당을 올리고, 그 결과 인슐린 분비를 촉진시킵니다. 인슐린은 세포 내로 당의 흡수를 촉진시켜 다시 혈당을 낮추게 합니다. 혈당이 낮아지면 단것에 대한 갈망이 다시 강해집니다. 이런 현상은 당신이 영양 부족 상태에 있을 경우 특히 강해집니다. 또한 인공감미료가 든 다이어트 음료를 많이 마시게 되면 신체는 단맛을 칼로리가 거의 없는 것으로 인식하게 되어 결국 음식을 많이 먹게끔 합니다.

초콜릿 같은 단 음식은 엔도르핀을 분비시키며 뇌에 작용하여 '행복한 기분을 느끼게 만드는' 강화 효과가 있어서 이런 음식을 더 많이 찾게 만듭니다.

지난 10여 년간, 우리는 동물 실험을 통해 음식 중독에 관한 많은 것들을 알게 되었습니다. 만약 동물에게 맛이 없지만 건강에 좋은 음식을 주는 대신, 설탕이나 당분이 많은 비스킷을 제한된 시간(예: 하루에 한 시간)에만 먹을 수 있게 한다면, 그 시간 동안에는 사람들이 폭식을 하는 것과 같이 점점 더 많은 양을 먹기 시작할 것입니다. 또한 동물의 위에 튜브를 넣어 음식이 우회되어 위가 비워지게 만들면(구토했을 때 상황과 유사), 동물들은 더욱더 폭식하게 됩니다. 이러한 상태가 일정 기간 동안 계속되면, 중독일 때 뇌의 변화와 같은 양상을 동물의 뇌에서 볼 수 있습니다. 더욱이 이렇게 음식에 중독된 동물이 알코올과 같이 잠재적으로 중독 가능성이 있는 물질에 접근할 수 있다면, 음식에 중독되지 않은 동물보다 더 쉽게 물질에 중독될 수 있습니다.

　사람의 뇌 영상 연구들도 폭식하는 사람들의 뇌가 중독 상태일 때의 뇌의 변화와 같다는 것을 보여 줍니다. 동물 연구의 또 다른 중요한 발견은 동물에서는 '폭식 경향'이라고 할 수 있는 정도가 매우 다양하다는 것입니다. 그러나 폭식 경향이 없는 동물들조차도 스트레스에 노출된 후 짧은 시간 동안에만 단 음식을 준 후 오랜 시간 먹이를 주지 않을 경우 폭식하기 쉽게 변합니다. 여기서 얻을 수 있는 메시지는 특정 환경(스트레스 상황, 배고픔 그리고 폭식과 구토의 반복)에서는 거의 모든 사람이 조절이 힘들고 통제 불가능하다고 느껴지는 폭식 문제를 겪게 될 수 있다는 것입니다.

그렇지만 3장에 나오는 정상적으로 식사하는 법을 따른다면 단것에 중독되었다는 느낌은 줄어들고 결국에는 완전히 사라지게 되어, 단 음식을 전혀 먹지 않으려고 금지할 필요가 없다는 것을 알게 됩니다. 그러나 새로운 것을 배울 때는 시간과 노력(약 5,000시간의 연습)이 필요하며, 배운 것을 여러 가지 상황에서 실천해 보아야 합니다. [1]

당신의 식습관이 매우 무질서하다면 단것을 시도할 때 조심하는 편이 현명합니다. 단것을 먹은 다음 혈당이 낮아지는 것을 피하기 위해서 단 음식과 다른 음식을 함께 먹는 것이 안전합니다. 일단 식습관에 대한 자신감을 어느 정도 되찾았다면, 소량의 케이크나 초콜릿을 매일 먹는 것을 시도함으로써 폭식을 유발하는 것 없이 '위험' 음식에 대한 도전을 시작할 수 있을 것입니다.

폭식의 심리적 측면 다루기

폭식을 유발시키는 요인을 찾아보세요. 이런 유발요인은 당신의 신체적·정신적 상태의 영향을 받을 수 있습니다. 식사일기는 유발요인을 찾는 것을 도와줄 것입니다(1장을 참고하세요). 여기에 당신과 같은 경험자들의 사례가 있습니다.

효리

23세 효리는 집에서 직장까지 수차례 버스를 갈아타면서 갑니다. "출근길 버스에서 내릴 때마다 과자 가게를 한두 군데 지나치고 그럴 때면 무언가를 사곤 했어요." 효리는 직장에 가는 동안 폭식을 하기 때문에 아침을 아예 먹지를 않았습니다. 이제 효리는 과자 가게에 들르지 않기 위해 출근 전 집에서 아침을 먹고 나오기로 했습니다. 출근하면서 스마트폰으로 업무 메일을 확인하는 것이 스스로를 불안하게 하고 스트레스를 받게 하며, 하루의 시작을 좋지 않게 만든다는 것을 깨달았습니다. 출근을 하면서 여러 가지 변화들이 필요했기 때문에, 책을 읽는 것은 사실상 불가능했습니다. 그래서 효리는 2장에 설명되어 있는 문제 해결 방법을 사용하여 다른 출근길이나(과자 가게를 피하기 위해) 교통편을 찾아보는 등 몇 가지 가능한 해결책들을 떠올렸지만, 그것들 역시 여러 단점이 있었습니다. 마침내 효리가 찾은 방법은 출근을 하면서 좋아하는 음악이나 오디오 북을 듣는 것이었습니다. 이렇게 간단한 방법이 효리의 폭식을 줄이는 데 큰 도움이 되었습니다.

배영

배영은 오후 근무를 합니다. 때문에 아침시간은 늘 무료하고 계획되지 않은 시간입니다. 엄마는 일찍 일어나서 일을 나가기 때문에 배영은 늦게 일어나 혼자서 아침을 먹어야 했습니다. 배영은 건강을 위해 운동을 생각하지만 습관이 되지 않아서인지 가끔만 아침에 운동을 했습니다. 그렇지만 늦게 자서 피곤할 때는 아침에 일찍 일어나는 것이 힘들었고, 늦게 일어나면 폭식을 했습니다. 배영이 생각한 해결책은 출근 전에 일찍 집을 나서서 좋아하는 일을 하는 것이었습니다. 배영은 아침에 연기 수업에 참가했고 폭식증상은 호전되었습니다.

진미

병원에 왔을 당시 진미는 하루에 2~3차례 폭식을 하곤 했습니다. 폭식은 하루 중 아무 때, 아무 곳에서나 일어났습니다. 폭식은 일정 양상이 없는 것 같았고 무엇이 폭식을 일으켰는지도 알 수 없었습니다. 섭식장애 전문의는 진미에게 처음 폭식을 하고픈 충동이 들었을 때부터 실제로 폭식이 일어난 때까지 있었던 모든 일들을 아주 자세히 기록하게 했습니다. 폭식일기를 분석하자 폭식하기 수 시간 전부터 아주 작은 일들이 꼬이고 누적되었고, 그녀의 머릿속에는 '어서 폭식을 해야 돼.'라는 생각이 점점 더 커져 가서 이를 멈추는 것이 힘들었음을 알 수 있었습니다. 결국 긴장감과 좌절감, 음식에 대한 욕구가 폭식을 일으킨 것입니다. 예를 들면, 어느 날은 일을 하다가 힘들고 지겹다고 느꼈습니다. 오후 2시경에 폭식 생각이 처음으로 떠올랐습니다. 진미는 생각을 떨쳐 내려고 했고 컴퓨터 게임을 하면서 관심을 돌리고자 했습니다. 오후 4시경에 다시 지겨워졌고 좀 더 강하게 폭식 충동이 나타났습니다. 그때 친구가 저녁 식사 약속을 취소하자고 전화를 했습니다. 진미는 폭식할 음식을 사기 위해서 현금 인출기에서 돈을 좀 찾았습니다. 그러나 폭식을 견뎌 보려고 다른 친구에게 전화를 해서 약속을 잡으려고 했으나 이미 선약이 있다는 말을 들었습니다. 진미는 실망하고 속상해져 음식을 잔뜩 사 가지고 집에 와서 폭식을 했습니다.

얼마간의 치료 후, 진미는 '위험 상황'을 알아차리게 되었습니다. 진미는 일상생활 속에서 일어나는 작은 스트레스들에 대한 해결책으로서 폭식을 해 왔음을 알게 되었습니다. 각각의 '위험 상황'에 대해서 이를 다루는 가장 적절 한 방법을 찾는 것을 배웠습니다. 예를 들면, 진미는 안내 데스크를 지키는 직 원인데 아무것도 안 하고 오랫동안 앉아 있는 시간이 많았기 때문에 직장에서 의 무료함은 반복되는 문제였습니다. 그래서 하루 종일 시간을 낭비했다는 생 각이 들지 않게 방송통신대학에 다니기로 했습니다. 학위과정에 등록을 하자 책도 읽어야 하고 과제물도 제출하기 위해서 준비를 하다 보니 낮 시간을 아 주 바쁘게 지내게 되었습니다. 친구와의 약속이 취소된 경우는, 침울해 하면 서 집에 있다가 결국 폭식을 초래하니 혼자서라도 영화를 보러 가거나 헬스 장에 가기로 했습니다. 또한 진미는 좋지 않은 생각들과 음식에 대한 집착을 시각화하기 위해, 자신을 폭식하도록 부추기는 작은 그렘린(gremlin) 이미지 를 사용했습니다(예를 들어, '자, 지금 케이크를 먹으면 좋을 거야.'라는 생각 이 올라오면 그렘린을 떠올립니다). 이렇게 이미지를 사용하는 것은 폭식을 유발하는 생각들이 구체화되고 강해져서 참기 어려워지기 전에, 생각들을 자 각하고 억제하는 데 도움이 되었습니다.

다음 경희의 예는 당신이 폭식이 일어나는 심리적 이유를 이해한다고 하더라도, 특히 폭식을 통해 심리적 위안을 얻고 있다면 행동을 포기하 는 것이 쉽지만은 않음을 보여 줍니다.

경희

경희는 30대 때부터 혼자서 아이를 키우며 직장에 나갔습니다. 경희에게는 어릴 때 성적 학대를 겪은 경험이 있었습니다. 그녀가 처음 병원에 왔을 때 하루에도 몇 차례씩 구토와 폭식을 반복했습니다. 경희는 치료를 받으면서 낮에 충분히 먹어야 된다는 것을 배웠고, 그 결과 밤에 한 차례만 폭식과 구토를 했습니다. 경희는 대단히 기뻤고 더 좋아져서 폭식과 구토를 완전히 중단하고 싶었지만 어쩐지 그렇게 되지 않았습니다. 왜 폭식을 완전히 중단할 수 없는지에 관한 오랜 상담 후 그녀는 아직도 어린 시절의 성적 학대로 인한 상처와 힘겹게 싸우고 있다는 것을 알았습니다. 경희는 자신을 아끼고 돌보아 줄 사람을 간절히 원하고 있으나, 동시에 이전의 아픈 기억으로 인해서 깊은 관계로 발전하는 것을 두려워했습니다. 그녀의 삶에서 폭식은 유일하게 즐거움을 주고 편하게 해 주는 쉬운 방법이었으며, 외로운 저녁 시간을 견딜 수 있게 해 주었습니다.

이상의 예들은 다양한 유형의 폭식을 보여 줍니다. 식사일기를 1~2주 동안 면밀히 적고 관찰하면서 당신 자신의 패턴을 파악해 보세요.

- 일단 당신의 패턴을 좀 더 잘 파악했다면, 당신 자신의 식사 조절능력을 향상시키기 위해 작업해 보세요. 우선 폭식의 장소를 한 곳으로 제한하거나 폭식을 하루 중 한 때로 제한해 보세요.
- 폭식을 유발하는 상황들을 적고 이에 대처하는 방법을 찾기 위해 문제 해결식 접근방법을 사용해 보세요.
- 위험한 시간대를 예상하세요. 계획되지 않은 시간이 많은 주말이나 출퇴근길, 혼자 있는 저녁에 폭식이 주로 일어납니다. 예를 들어, 당신을 기분 좋게 만드는 것들로 채운 보물 상자를 꺼내서 만들기를 하고 그리기를 하는 것처럼, 이러한 시간에 할 수 있는 즐

거운 활동의 목록을 만들고 따라 해 보세요.

- 폭식하고 싶을 때마다 폭식을 어렵게 만드는 대체 행동(예: 산책, 전화 걸어 수다 떨기, 친구 만나기 등)을 해서 관심을 분산시켜 보세요. TV 보기나 독서는 그다지 바람직하지 않습니다. TV를 보면서 군것질하기 쉽고, 광고의 상당수는 자신에 대한 열등감을 느끼게 만들거나 물건을 사도록 자극합니다.

- 배고플 때 장을 보지 마세요.

- 가족들에게 부엌이나 냉장고를 잠그게 하지 마세요. 이는 안에 있는 음식에 대한 집착을 강하게 만들어 결국은 그 음식을 먹고야 말도록 합니다.

- 만일 폭식을 했을지라도 자신을 비난하지 마세요. 폭식행동의 연결고리를 면밀히 관찰하고, '만약 ~하면, 나는 ~하겠다'는 전략을 찾아보세요. 만약 냉장고를 여는 대신 전화를 하든가 산책을 나가는 등 폭식 악순환을 끊는 행동을 했을 경우 무슨 일이 벌어질지 마음속으로 생각해 보세요. 일어날 상황에 대처하는 힘이 생길 겁니다(8장으로 가서 재발의 상황을 읽어 보세요).

- 많은 사람들이 얼마 동안 폭식을 하지 않으면 안도하면서도 대단히 두려워합니다. 반드시 폭식이 일어날 것이고 그러면 한순간 원점으로 되돌아 갈 것이라고 두려워합니다. 그렇게 되지 않는다는 것을 증명하기 위해서 계획된 폭식을 해 본 후, 곧바로 규칙적인 식사와 간식을 먹는 패턴으로 돌아와 보는 것도 도움이 됩니다. 기억하세요. 한순간의 후퇴가 몇 주 동안 이루어 놓은 좋은 성과를 수포로 되돌리지는 못합니다.

- 폭식과 연관된 사람, 장소, 물건 등을 피하세요.

- 폭식증을 앓다가 지금은 많이 회복된 경험자에게 조언을 구하세요. 그 사람들에게는 무엇이 도움이 되었는지를 문의하세요. 이 책의 마지막에 있는 당신을 도와줄 수 있는 단체의 목록을 참고하세요.

폭식 충동 다루기

- 폭식 충동의 강도(0부터 10까지의 점수)와 지속 시간 그리고 폭식을 견딜 수 있었는지의 여부를 일기에 기록하세요.
- 폭식이 당신의 생각, 감정, 신체 상태에 어떤 영향을 미칠 것인지를 다음 사례를 토대로 적어 보세요.

채연

채연은 폭식하고픈 충동이 혼자 있을 때 생긴다는 걸 알았습니다. 채연은 고등학교 3학년이라 가족들이 외출할 때 함께 가지 않고 집에 남아 공부를 했습니다. 채연은 식사일기에 폭식이 공부에 대한 스트레스와 외로움을 없애 준다고 적었습니다. 그러나 일단 이러한 생각들을 적고 나니, 실제로는 폭식을 한 후 외롭고 화난 감정을 더 많이 느낀다는 것을 깨달았습니다.

혼자서 혹은 회복 도우미와 함께 식사일기를 검토할 때 폭식을 통해 얻는 효과와 비슷한 효과를 얻을 수 있는 다른 활동들을 함께 생각해 보세요. 앞의 사례를 예로 들면, 채연은 시험을 위해서 공부하는 동안 폭식 대신 규칙적인 휴식을 취하는 것이 스트레스를 덜 받을 수 있다는 것을 깨달았습니다. 채연은 시험을 준비하면서 외로움을 느끼는 것에 대해 솔직하게 어머니에게 이야기했고, 그 후 어머니는 채연을 많이 도와주었습니다.

때로 폭식 충동은 배고픔에 대한 정상적인 반응인 식욕 때문에 생길 수 있고, 어떤 경우에는 스트레스 같은 외부 요인으로 인해 시작될 수 있습니다. 먹고 싶은 강한 충동은 전적으로 정상적인 반응이며, 그 갈망을 다루는 방법을 익힐 필요가 있습니다.

- **생각 전환법**: 충동을 명확하게 구별하려 하지 마세요. '폭식하고 싶어 죽겠어'라고 생각하지 말고, '나는 지금 과식하고 싶은 충동을 느끼고 있어. 점점 강해지겠지만 얼마 후면 사라질 거야.'라는 생각으로 바꿔 보세요. 충동을 없애려고 하지 말고 있는 그대로 느끼게끔 내버려 두세요. 폭식 충동이 들 때 폭식을 하지 않는다면 미쳐 버리거나 큰일날 것 같지만 실제로는 그렇지 않습니다. 폭식 충동에 굴복해서 폭식할 필요는 없습니다. 폭식을 하지 않고 버틴다면 충동은 시간이 지나면서 약화되어 결국 사라질 것입니다.
- **상상법**: 폭식 충동을 파도 타기라고 상상하세요. 몹시 두렵지만 쾌감을 느끼며 균형을 잃지 않고 파고의 정점에서 파도 타기를 하고 있다고 상상해 보세요. 파도가 당신을 삼켜 버리지 않도록 집중하세요. 폭식 충동을 괴물이라고 상상해 보세요. 괴물의 존재를 인식하자마자 재빨리 머리를 동강 내어 없애 버리세요.
- **논리적 사고**: 먹는 것이나 폭식이 주는 단기적인 이득이 생각날 때마다 장기적 측면의 부정적인 결과들을 생각해 보세요.
- **관심 분산법**: 폭식 충동을 떨쳐 버릴 수 있는 대안적인 활동의 목록을 만들어 보세요.

분노나 좌절감이 유발요인이라면 다른 식의 대처가 유용할 수 있는데, 자기표현/자기주장 훈련이 필요할 수 있습니다(11장을 참고하세요).

실수

•

실수는 있을 수 있습니다. 이는 회복의 과정에서 중요하고 꼭 필요한 부분입니다. 실수나 후퇴를 실패라고 생각하지 말고 도전과 경험을 통해 배우는 것으로 생각하세요. 가장 중요한 것은 이를 원점으로 돌아가는 것으로 생각하지 않고 앞으로 나아가는 과정으로 받아들이는 것입니다. 실수를 했어도 당신은 다시 회복의 여정 위의 제자리로 돌아와 있을 것입니다.

실수를 범했을 때 어떻게 하나요?

- **일단 멈추고 생각하세요.** 가능한 한 빨리 개입을 하려 노력하고, 그 상황에서 벗어나도록 하세요.
- **마음을 진정세요.** 당황하지 말고 냉정하게 한 발 떨어져서 당신 자신을 관찰하세요. 당신의 첫 반응은 죄책감이나 자책일 겁니다. '어떻게 이런 일이 생기게 내버려뒀지?' '나에게 또 실망이야.' 같은 감정들이 서서히 썰물처럼 빠져나가게 하세요. 실수는 회복에 이르는 여정에서 꼭 필요한 정상적인 부분임을 기억하세요.
- **스스로에 대한 약속을 재검토하세요.** 처음에 썼던 손익계산서와 편지를 꺼내 다시 읽어 보세요. 그동안 당신이 얼마나 많이 이루었는지를 생각하면서 다시 한번 마음을 다져 봅시다.
- **실수를 일어나게 한 상황을 검토하세요.** 상황의 초기에 경고 신호가 있었나요? 경고에 대처할 시도를 했었나요? 다음의 실수를 대비해서 무엇을 배웠나요?
- **다시 주도권을 잡으세요.** 대처 기술을 실행해 보세요. 다시 시작하세요.

- **도움을 요청하세요.** 지금이 당신에게 회복 도우미가 필요할 때입니다. 즉시 회복 도우미를 만나세요. 행동하는 것은 불안을 없애 줍니다. 용기를 갖고 도움을 요청한 후, 회복에 이르는 여정을 다시 시작하세요. 당신은 할 수 있습니다.

보충자료

1. 다음과 같은 연구 결과가 있습니다. 도움이 되는 변화된 행동(예: 규칙적인 식사와 간식)을 한 가지 상황(예: 학교에 있을 때, 좋은 친구가 신경 써 줄 때)에서만 연습한다면, 당신이 다른 상황(예: 음식이 곳곳에 있는 집에 혼자 있을 때)에 있게 되면 예전의 행동들(폭식)이 다시 나타날 수 있습니다. 그렇기 때문에 다른 상황에 대한 예상과 준비가 필요합니다.

5장.
체중 조절법: 꿩 먹고 알 먹고 할 수 없다

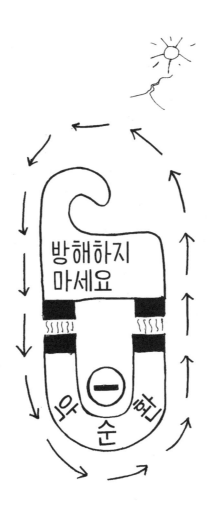

여러분은 식사 제한 이외의 체중 조절 방법을 한 번쯤은 생각해 본 적이 있을 겁니다. 흔하게는 구토를 하거나, 설사용 하제나 이뇨제를 복용하는 것입니다. 식사 제한만으로는 폭식에 대처하기에 역부족이라고 느낄 때 이러한 방법으로 '체중을 줄이려고' 하는 경우가 많습니다. 당신은 '꿩도 먹고 알도 먹을 수 있다'고 생각할 수 있겠지만 진실은 매우 다릅니다. 아마 여러분 마음속에서는 이런 방법들을 행한다는 것이 매우 수치스럽고 걱정될 겁니다. 걱정하는 것이 당연합니다.

다양한 체중 조절법의 진실

●

앞에서 말한 체중 조절법의 효과가 어떤지 살펴볼까요? 우선 구토는 먹은 열량의 30~50%까지도 제거할 수는 있지만 이는 먹은 후 얼마가 지났는지, 또 얼마나 오랫동안 상습적으로 토해 왔는지에 따라 다르며, 지속적인 체중 감소에는 전혀 도움이 되지 않습니다. 구토를 할수록 몸은 더욱 음식을 찾게 됩니다. 이로 인해 더 폭식을 하게 되고 결국 또다시 구토를 하고 싶어집니다. 악순환이 시작되는 것입니다.

하제나 이뇨제는 결코 칼로리를 제거시키지 못합니다. 네, 체중이 준다는 당신의 주장은 맞습니다. 그러나 그것은 단지 일시적이며, 체내 수분 감소 때문입니다. 체내 수분이 감소하면 당신의 몸에서는 항이뇨호르몬이나 알도스테론, 레닌 같은 호르몬을 분비해 체내 수분을 지키려 합니다. 이런 호르몬들이 체액 손실에 반응해서 많이 분비되면 체내에 수분이 저류되어 몸이 붓고 무겁게 느껴지게 됩니다. 아침에는 눈 주위, 오후에는 복부 주위가, 저녁에는 발목 주위가 붓는 걸 경험했을 겁니다. 이러한 무겁고 불쾌한 느낌에 당신은 하제나 이뇨제의 용량을 늘리고 싶어질 겁니다. 결국 악순환이 반복됩니다.

하제의 장기 사용은 장을 무기력하게 만들어 오히려 만성 변비를 유발합니다. 점차 하제의 양을 증가시켜야 하게 되고, 그럴수록 변비는 더 심해집니다. 또 다른 악순환에 발을 내딛게 되는 것입니다.

다양한 체중 조절법의 부작용

●

구토, 하제, 이뇨제 등은 여러 건강 문제를 유발합니다. 당신은 다음과 같은 문제들을 꼭 알아야 합니다.

- 구토, 하제, 이뇨제는 혈액 내 염분과 수분을 잃게 합니다. 이렇게 되면 **만성 피로, 허약감, 집중력 장애, 어지럼증, 두통, 가슴 두근거림** 등이 나타납니다. 또 **간질 발작, 부정맥, 신장 손상**을 일으킬 수도 있다는 사실을 기억해야 합니다.
- 구토에 의해서 역류된 위산은 치아의 에나멜질을 녹여서 치아를 부식시켜 찬 음식에 민감해지고, 충치가 쉽게 생기게 합니다.
- 턱 주위 침샘이 부어오르는데, 이는 구토할 때마다 타액을 보충해야 되기 때문에 침샘이 과도하게 활동한 탓입니다. 심해지면 이하

선염까지 초래되는데, 이는 위험하지는 않더라도 얼굴이 부어 보이게 하고 통증이 있기도 합니다. 심하면 볼거리를 앓는 것처럼 보입니다. 얼굴에 살이 찐 것으로 오인해서 살을 더 **빼야** 한다고 생각하게 만들고 더욱 구토하게 되기도 합니다. 이는 또 다른 악순환을 의미합니다.

- 구토는 식도와 위를 손상시킬 수 있습니다. 위통이나 구토 시 출혈이 동반됩니다. 음식 역류가 흔하게 일어납니다.
- 만성적인 하제 남용은 장의 미세한 신경을 손상시키고 장 마비를 초래할 수 있습니다. 이것은 생명에 위험을 줄 수 있는 부작용으로 수술이 필요합니다. 화장실에서 힘을 줄 때 약해진 직장이 항문으로 **빠져나오는** 탈장이 발생할 수 있습니다.
- 다음 중 당신에게 해당되는 것에 표시해 보세요.

만성 피로	토혈
탈모	치아 문제(예: 치아부식 등)
허약감	기절
집중력 장애	부정맥
어지럼증	변비
두통	혈변
가슴 두근거림	탈장
위통	신장결석
소화불량	신장염
신부전	발목부종
월경불순	

이런 문제 대부분은 다행스럽게도 가역적이며, 구토, 이뇨제, 하제 사용을 중단한다면 회복됩니다. 현재 당신이 이런 의학적 문제 중에 어떤 것도 겪고 있지 않다면 다소 안도할 수도 있습니다. 그러나 이런 문제들 중 상당수는 증상이 드러날 때까지 시간이 걸리고, 지금 이 순간에도 보이지 않게 진행되고 있을 수 있음을 기억해야 합니다.

체중 조절법에 대한 태도

●

섭식장애 환자들의 구토, 하제, 이뇨제에 대한 태도는 엄청나게 다양합니다.

A 타입 이 사람들은 구토를 일종의 몸의 요구라고 여깁니다. 이들은 구토를 자신이 의도했다고 여기지 않습니다. 16세부터 섭식장애를 겪은 26세 연예인 지연을 보십시오.

지연: "폭식을 하고 나면 정말로 위장이 꽉 찬 느낌이 들고, 가만히 있어도 토할 것 같아요. 제가 하려고 하는 게 아니에요. 단지 허리를 굽히기만 해도 먹은 게 나와요. 그냥 그렇게만 해도 구토하게 돼요."

B 타입 이 사람들은 구토, 하제나 이뇨제는 일상의 일부이며, 일종의 습관으로 여깁니다.

나영: "제게 구토는 일종의 양치질이에요. 구토할 때 별 느낌이 없고 오히려 비워 내는 건 저에게 깨끗해지는 느낌을 줘요. 토하지 않고는 못 견디겠어요."

미리: "매 식후 변비약 5알을 먹어요. 그렇게 하는 데 익숙해서 문제라고 생각하지 않아요."

C 타입 그러나 어떤 사람들은 이런 행동을 대단히 고통스럽고 치욕적으로 여깁니다.

수지: "매일 변기에 머리를 처박는 내가 너무 싫고 창피해요. 어떻게 이런 걸 하게 됐을까요? 어떻게 이렇게 맥없이 무너질 수 있을까요? 토하고 나면 내 자신이 완전히 황폐해진 게 느껴지고 다시는 구토를 하지 않을 거라고 다짐해요. 하지만 구토는 반복되고 이런 자책은 다시 시작돼요."

영희: "어제 5시간 동안 폭식했어요. 그 후 거의 공황상태에 이르러 하제 80알을 복용했지요. 밤새 화장실을 들락거렸고 복통으로 고생했어요. 내 자신이 혐오스러웠지만 이런 고통스런 벌을 받아 마땅하다는 느낌을 지울 수 없었어요."

어느 것이 당신의 태도를 가장 정확히 묘사하는지 동그라미로 표시하세요

A 타입   B 타입   C 타입   기타(기술해 보세요)

당신이 A나 B타입이라고 느낀다면 항상 그런 태도를 유지해 왔는지를 자문해 보세요. 그것은 그간 당신이 구토, 하제, 이뇨제로 인한 신체적·심리적 고통을 외면해 왔음을 의미합니다. 그 행동으로 초래된 여러 감정들을 느끼고자 노력해야 합니다. 구토와 하제 및 이뇨제의 부정적 측면(통증, 위험, 수치심)을 무시하면 할수록 행동을 중단하기가 점점 더 어려울 것입니다.

구토를 멈추는 방법

●

당신이 다음의 경우라면 계획 A를 따르세요.
- 1주일에 단 2~3차례 구토
- 폭식 후 몇 시간 후 구토
- 때로는 폭식 후에도 구토하지 않음

다음의 경우는 계획 B를 따르세요.
- 거의 매일 구토
- 폭식 후뿐 아니라, 간식이나 식사 후에도 구토

계획 A 당신은 그렇게 생각하지 않을지 모르지만, 어느 정도 구토를 통제하고 있습니다. 이 계획은 당신이 좀 더 통제력을 가지게 합니다.

- 지난 2~3주를 돌아보세요. 일주일간 가장 많이 구토한 경우는 몇

번입니까?

- 앞으로 일주일 동안은 그보다 한 번 적게 하려고 노력하세요.
- 앞의 방법을 쉽게 할 수 있다면 그 다음 주에 구토 수를 한 번 더 줄이세요.
- 할 수는 있지만 힘들다면 같은 과정을 쉬워질 때까지 반복하세요.
- 구토를 멈출 때까지 매주 또는 격주마다 구토 횟수를 단계적으로 줄이는 것을 계속하세요.

시작 전의 조언: 주초의 일기에 이번 주의 목표를 적고, 그 목표를 정확히 지키도록 하세요. 그러나 목표는 현실 가능한 것이어야 하며, 빨리 변화하고 싶다고 무리한 목표를 세우지는 말아야 합니다.

만약 폭식을 했다면 가능한 한 모든 수단을 동원해서 구토를 참으려고 노력하세요. 너무 어렵다면 최소한 토하는 것을 늦추도록 노력하세요. 이런 시도가 당신의 불안함을 유발한다면 계획 B의 방법을 시도하세요.
그 주에 계획했던 것보다 더 많이 토했다면 지난주의 목표로 돌아가는 게 좋습니다(회복의 길에는 2보 전진 1보 후퇴도 있다는 것을 기억하세요). 만약 지난주에 너무 욕심을 냈다면, 자신을 용서하고 다시 회복에 이르는 여정을 떠나보세요.

계획 B 당신은 체중 증가에 대한 걱정이나 여타 불안에 대응하는 방법으로 토하는 것에 너무 익숙해져 있어 이런 행동을 그만두는 것이 매우 어려울 것입니다. 현재 당신은 아마도 단지 두 가지 상태(배가 터질 때까지 먹거나, 완전히 공복인 상태)만을 알고 있는 겁니다. 섭식장애가 없는 보통 사람들은 약간 허기진 상태부터 먹고 나서 기분 좋게 포만감을 느끼는 만족스러운 상태를 포함해서 그 사이에 많은 중간 상태가 있다는 것을 압니다. 당신은 다시 이런 중간 상태에 익숙해지고자 노력해야 합니다. 이렇게 되려면 구토를 단계적으로 지연시키는 방법을 통해 가장 잘 해결할 수 있습니다.

- 지난 1~2주일을 돌이켜 보세요. 먹고 나서 평균 얼마나 있다가 토했나요?
- 다음 일주일간은 구토를 아주 짧은 시간만큼이라도 참아 보세요.
- 그 다음 주엔 조금씩 그 간격을 늘려 보세요. 이 주의 목표를 충분히 달성했으면 좀 더 길게 시간을 늘려 새로운 목표를 잡고 노력하세요.
- 항상 먹은 직후에 토한다면, 아주 짧은 동안만이라도 구토를 늦추려고 노력하세요(단지 매번 3분에서 5분 정도라도 지연시켜 보세요). 적절한 목표를 정하고 그것을 확실하게 달성하는 것이 너무 급하고 야심 찬 욕심을 내는 것보다 낫습니다. 다시 말하면, 천천히 그리고 꾸준히 하는 것이 회복에 이르는 여정에서 가장 좋은 방법입니다.

불안을 다루는 법

구토를 참으면 당신은 매우 불안해서 좌불안석이 될 것입니다. 아마 속이 심하게 더부룩해짐을 느낄 것이고 체중이 늘 것에 대한 두려움은 하늘 끝까지 올라갈 것입니다.

- 구토를 참을 때 생기는 불안에 대처하는 가장 좋은 방법은 그 상황을 배울 부분이 있는 하나의 실험으로 간주하는 것입니다. 구토를 참았을 때 어떤 일이 일어날 것 같은지 미리 적어 보세요. 구토를 참으면 어떻게 느껴질까요? 그리고 그 느낌이 얼마나 강할까요? 그

강도를 0점부터 10점까지의 점수로 매겨 보세요. 어떤 불안한 생각이 들고, 얼마나 그 생각을 믿나요? 실제로 구토를 참으면서 어떻게 느꼈는지 기록해 보세요. 예상했던 것만큼인가요? 점수가 더 낮은가요, 더 높은가요? 어떻게 다른가요? 당신 자신에 대해 어떤 점을 발견했나요?[1]

• 주변의 인적자원을 활용하는 것도 도움이 될 수 있습니다. 예를 들면, 친구나 당신의 회복 도우미에게 전화나 문자를 하거나, 다른 사람과 함께 있거나 산보 같이 즐거운 야외활동을 하러 나가거나, 4장에서 설명한 것처럼 생각 전환법이나 상상법을 쓰는 겁니다. 판지 상자들을 짓밟거나, 버블랩을 발로 터트리거나, 산책로에서 공을 튀기는 놀이 같은 활동들도 기분을 좋게 하고 긴장감을 풀어 줍니다(TV를 보거나 웹 서핑을 하거나 독서를 하는 건 흔히 화장실이 가까이 있는 곳에서 하게 되기 때문에 대개 성공 확률이 낮습니다).

미정

미정은 35세의 주부로 두 아이의 어머니인데 바느질을 좋아했습니다. 그래서 생각 전환법으로 바느질을 이용하기로 했습니다. 토하고 싶다고 느낄 때마다 조각이불을 만들기 위한 조각 천을 하나씩 더 짰습니다.

"뜨개질은 불안을 낮추는 데 도움을 주었어요. 동시에 조각이불이 완성되어 가는 것을 보는 것은 내가 불안을 무언가 유용한 것으로 바꾸어 냈다고 느끼게 해 가슴이 뿌듯했어요."[2]

주연

반면, 주연은 영적인 해결책을 찾아냈습니다.

"토하고 싶을 때는 대개 기도를 해요. 불안이 너무 강할 때에는 집 근처의 교회에 가서 기도를 했어요."

- 당신에게 효과가 있는 방법을 발견하는 것이 중요합니다. 당신의 창의성과 문제 해결 기술을 총동원해 보세요.
- 어떤 사람은 메모카드를 가지고 다니면서 스스로에게 격려가 되거나 경각심을 일으키는 문구를 메모카드에 쓰고, 왜 처음에 회복의 여정을 시작했는지를 상기하게 되어 극도의 불안 상태로 빠지지 않도록 도움을 받을 수 있습니다. 어떤 사람은 웃음을 주는 코믹송을 만들거나 간단한 시를 짓기도 합니다. 자신이 만든 방법이 어떤 것이든 일단 사용해 보세요.

채연

채연은 재능 있는 가수 지망생이었습니다. 구토가 목소리를 쉬게 만들 수 있다는 걸 들었을 때 카드에 다음과 같이 썼습니다.

"나는 가수가 되고 싶다. 나는 목소리를 상하게 하고 싶지 않다. 구토에 빠지지 말아야 한다."

채연은 토하고 싶을 때마다 카드를 꺼내 큰 소리로 읽었습니다.

"카드에 쓰인 말을 큰 소리로 읽는 건 구토에 저항할 수 있는 힘을 주었어요."

수진

수진은 많을 땐 한 번에 100알 정도의 하제를 남용했는데 카드에 다음과 같이 썼습니다.

"이걸 계속하면 내 건강을 심각하게 손상시킬 것이다. 그만두어야만 해."

하제를 사용하고픈 충동을 느낄 때 몇 차례 카드를 꺼내 보고 곧 사용을 단념했습니다. 하제 남용이 건강에 초래할 결과에 대한 공포심이 충동을 억제했기 때문입니다.

수진의 예에서 보듯 카드를 쓸 때 일반적인 내용이 아니라 '당신'에게 구체적인 것들, 또 부정적인 것보단 '긍정적인 것'에 초점을 두어 쓰는 게 더 낫다는 걸 알 수 있습니다.

황금규칙

- 한 번에 하나씩 시도하고 그 하나를 일주일 동안 하도록 합니다.
- 실패한다면 목표를 좀 더 쉽게 수정해서 다시 합니다.
- 실패한다면 다시 시도할 수 있는 '만약 ~하면, ~할 것이다'라는 문장이 무엇인지 생각해 보세요.
- 특히 계획 B를 따른다면 주별 목표를 정해서 달성할 경우 자신에게 보상을 주는 방법을 찾는 것이 대단히 중요합니다. 그렇게 하지 않으면 주별 호전 정도가 미미해서 당신이 잘하고 있다는 것을 기억하기가 어렵기 때문입니다. 보상 목록을 작성하고, 당신의 전진을 도울 수 있는 보상품을 선택해 보세요. 다음에 몇 가지 보상 목록의 예시가 있습니다.
  - 책
  - 꽃 한 다발
  - 화초 화분
  - 장신구
  - 야외로 기차 여행

- 완전히 구토를 중단할 수 있게 될 때까지 다음과 같은 중요한 조언을 기억하세요. **구토를 용이하게 하고자 탄산음료를 마시는 것은 치아의 부식을 급속도로 악화시킵니다.** 또한 **구토 직후엔 양치질을 하지 않도록 합니다.** 왜냐하면 위산이 치아를 문질러 치아 상태를 더 악화시키기 때문입니다. 그것보다는 물이나 불소액으로 간단히 입을 헹구는 것이 더 좋습니다.

하제 및 이뇨제 중단하기

●

특히 당신이 매일 상당한 분량의 하제나 이뇨제를 사용해 오다가 갑자기 중단하면 '반동'으로 부종이 생길 수 있습니다. 하제와 이뇨제를 점차적으로 줄이는 것이 더 쉬울 것입니다. 사용량을 줄이거나 일주일 중 사용하지 않는 날을 늘려 나가는 방법으로 해 나갈 수 있습니다.

변비 해결하기

먹던 하제를 중단하게 되면 얼마간은 필연적으로 변비가 생깁니다. 변비는 당신을 불편하게 하고 더부룩하게 합니다. 인내심을 갖고 노력하세요. 많은 여성들이 규칙적으로 매일 배변을 하는 것은 아니라는 게 사실입니다.

- 식단에 야채, 해조류, 과일을 포함하면 도움이 될 것입니다.

- 아침 식전 따뜻한 음료는 장 운동을 촉진시킵니다.
- 도정이 덜 된 곡물을 너무 많이 먹지는 마세요. 이는 위에 팽만감을 주고 가스가 차게 합니다.
- 하제 대신 자두, 말린 과일이나 해조류로 대치해서 섭취하세요.

부종 처치

하제나 이뇨제를 점차 줄이는 데도 불구하고 얼마 동안은 부종이 생기기 쉽습니다. 부종을 막기 위해서는 다음과 같이 하세요.

- 얼굴 주위의 부종을 피하기 위해서는 상체를 살짝 올려 기대앉은 자세로 자는 걸 고려해 보세요.
- 발목 주위의 부종을 막기 위해서 소파나 쿠션에 다리를 올리는 걸 시도해 보세요.

보충자료

1. '기대되는 위반'은 새로운 학습에 아주 도움이 되는 것으로 연구 결과 밝혀졌습니다. 기대되는 위반이란 당신이 예상하는 끔찍한 상황과는 다소 다른, 즉 좀 더 당신이 대처할 수 있는 상황이 일어나는 것을 말합니다(Craske, M. G., et al., Maximizing exposure therapy: an inhibitory learning approach. *Behavior Research and Therapy*, 2014 Jul; 58: 10-23.).
2. 연구 결과, 뜨개질이 섭식장애 환자들에게 폭식 충동을 분산시키는 효과가 있는 것으로 입증되었습니다. 이는 뜨개질 자체의 효과라기보다는 충분한 집중력과 어느 정도의 정신적인 노력이 요구되지만, 극도로 복잡하거나 긴장을 초래해서 정신적인 스트레스를 주지는 않는 활동이 효과가 있음을 보여 줍니다. 미정에게서 볼 수 있듯이 이러한 활동은 어느 정도 유용한 결과를 주고 보람을 느끼게 하여 만족감과 성취감을 주는 부가적인 효과도 있습니다.

6장.
신체에 대한 자신감

폭식증을 겪는 많은 사람들은 자기 몸을 사랑하지 않습니다. 자신의 몸을 통제하고 정복하길 원하는 적처럼 취급합니다. 당신은 지속적으로 자신의 몸을 관찰하고, 비난하고, 몸과 싸웁니까? 많은 폭식증 환자들은 옷을 벗은 자신의 몸을 보는 것, 자신의 몸을 만져 보는 것, 다른 사람들이 자신과 신체적으로 가까워지거나 몸에 손대는 것을 견디지 못합니다. 또 다른 극단적인 모습으로는 과도하게 자신의 몸을 (체중계나 줄자를 이용해서) 확인하기도 합니다.

지영

지영은 아주 귀엽고 자그마한 28세 여성인데 자신의 몸에 대해 다음과 같이 말했습니다.

"거울 속에 있는 나를 볼 때 흉악스럽게 생긴 괴물을 보는 것 같아요. 얼굴에 생기기 시작하는 주름살, 거북이의 목과 비슷한 짧은 목, 가슴은 처지고, 배는 나오고, 다리 근육은 늘어졌어요. 남자친구는 내게 신체에 대해 부끄러워할 게 아무것도 없다고 하고, 많은 다른 남자들은 내 외모에 호감을 표시하지만, 그렇다고 해서 내가 나에 대해 가지는 느낌을 조금도 바꾸지는 못해요. 샤워할 때면 누구도 나를 보는 일이 생기지 않도록 문을 걸어 잠그지요. 숨어서 옷을 벗고 재빨리 씻어요. 알몸으로 있는 걸 견딜 수가 없어요. 몸을 옷으로 가리지 않으면 너무 고통스러워요. 남자친구가 신체적으로 밀착하는 것을 참을 수 없고 나를 만지도록 내버려둘 수가 없어요. 몇 달째 사랑을 나누어 본 적도 없어요. 예쁜 옷을 좋아했지만 지금은 몸을 가리기 위해 크고 헐렁한 옷들만 입어요. 나는 발랄한 댄서였지만 요즘엔 더 이상 몸을 흔들 수 없어요. 축 늘어진 살들이 흔들리는 것을 생각하면 참을 수가 없어요."

당신은 지영처럼 아주 강하게 반응하지 않을 수 있습니다. 약간의 체중 증가나 월경 전 부은 느낌, 외모에 대한 타인의 언급 같은 유발요인이 당신에게 신체에 대해 나쁘게 느끼도록 자극할 수 있습니다.

혜영

"새로 산 스웨터를 입고 일하러 갔어요. 내가 좋아하는 동료가 정말 멋있는 스웨터라고 말했지요. 그 즉시 그가 '멋있는 스웨터가 안 어울리는 여자'라는 뜻으로 말한 것이라는 생각이 들었고 내가 얼마나 절벽가슴인지를 알아챘음에 틀림없다고 생각했어요. 그 후 3일간 그 생각을 떨쳐 버릴 수가 없었어요. 이후로 그와 이야기하는 걸 피해 왔어요."

호연

"길을 걸을 때 사람들이 내 뒤에서 불쾌한 말을 하는 걸 종종 들어요. 내가 원인이 될 만한 행동을 하는 것은 절대 아니에요. 얼마 전에는 공사 현장 근처를 걸어가는데 남자들 몇이서 일하는 것을 보며 횡단보도를 건너갔어요. 그들은 휘파람을 불고 내 관심을 끌려고 노력했어요. 나는 아무것도 듣지 못한 것처럼 단지 앞만 보고 걸었지요. 그때 그들 중 한 명이 '엉덩이 한번 크다'라고 외쳤고 모두 웃었어요. 그런 일이 일어날 때마다 외모에 대한 나의 자신감 없음이 모두 끄집어내어지고 나는 매력이 하나도 없다고 느껴져요. 전혀 모르는 사람들이 나에 대해 그 같은 말을 한다면, 어느 정도는 사실이 아니겠어요?"

호연이 겪은 일들은 누구에게나 불쾌한 경험일 것입니다. 그러나 호연에게 그 일이 유독 크게 느껴진 이유는 어린 시절의 경험과 관련이 있습니다. 호연이 중학생 때 친구들이 외모를 가지고 심하게 놀렸고, 이로 인해 호연은 자신감을 잃어버렸고 자신은 특이하게 생겼다고 믿게 되었습니다. 그렇기 때문에 호연은 공사 현장의 남자들이 드러냈던 성 차별적 태도에 화를 내기보다 이를 자신의 무가치함을 더 확신하는 쪽으로 받아들였던 것입니다.

섭식장애가 있는 사람에게는 외모와 전혀 상관없는 스트레스, 긴장, 유쾌하지 못한 사건들(즉, 상사가 업무에 대해 핀잔을 주거나 집에 수도관이 터진 경우 등)에 대해서 자기 몸에 대한 나쁜 느낌으로 반응할 수 있습니다. 섭식장애가 있는 많은 사람에게는 자신과 삶에 대한 만족과 불만족을 나타내는 가장 예민한 지표가 자신의 몸에 자부심을 느끼느냐 아니냐가 됩니다.

어떻게 신체상 문제가 섭식장애의 원인이 되고 병을 지속시킬까

●

신체상 문제(당신의 체중과 몸매 또는 외모에 관한 문제)는 섭식장애를 만들고 유지하는 핵심요인입니다. 따라서 당신에게 이런 문제가 왜 발생했고, 어떻게 마음속에 자리 잡았는지 이해하는 것이 중요합니다.

대중매체, 소셜미디어의 역할

서구 사회에서 대중매체(TV, 잡지)나 패션회사가 신체상 문제에 어떤 영향을 주는지에 대한 연구들이 많이 있었습니다. 신체상 문제가 대두된 초기에는 '포토샵' 등을 사용해서 몸매를 보정한 사진을 통해 사람들은 비현실적으로 날씬하고 볼륨 있는 이미지에 정신적으로 공격을 받았습니다. 그러한 사진을 보면서 사람들은 도달하기 불가능한 날씬한 몸매에 대한 동경을 갖게 되었습니다. 과격한 체형 교정 방법들이 대두되었고, 성형수술, 위 절제술 등은 직접적이고 쉽게 '문제를 고치는' 방법이라는 환상이 자리 잡게 되었습니다. 이상적인 미의 기준을 현실에서도 받아들여야 한다는 생각이 사회적으로 더욱 강화되었습니다.

이런 분위기에서 다수의 여성들은 자기 몸에 대해 부정적인 느낌을 갖게 되고, 이런 현상은 남성들 사이에서도 증가하고 있습니다. 이런 부정적 느낌은 특히 패션잡지, TV 광고, 혹은 몸매를 상기시키는 사진이나 영상을 본 직후에 심합니다. 최근 들어 서구에서는 이처럼 자신에 대한 부정적 이미지가 초래하는 악영향에 대응하기 시작했습니다. 국가 정책으로 다루거나(호주, 영국), 법을 제정(이스라엘, 프랑스)하기도 했으며(예: 너무 마른 모델을 런웨이에 설 수 없게 하기 등), 학생 교육에서 미디어가 신체상과 자존감에 미치는 영향을 인식시키는 내용을 포함하는 국가들이 늘어나고 있습니다.

물론 소셜미디어들은 이미지가 주된 전달 수단이 되는데, 예를 들어 페이스북 사용 시간의 20%는 이미지 검색에 소요합니다. 특정 이미지에 대한 '좋아요'는 대중들에게 획일적인 '가치'를 주입하게 됩니다.

블로그 등 온라인을 통한 이미지에는 보정이 가미됩니다. 포스팅 하는 사람들 중 50% 이상은 자신의 사진을 보정합니다. 잡티를 제거하고, 피부톤을 바꾸거나 날씬해 보이게 수정합니다. 이렇게 한 결과들을 접하게 되었을 때 사람은 자신과 비교하게 되고 자존감이 저하됩니다.

몸매이야기

아마 당신은 다음과 같은 상황을 경험했을 수 있습니다. 예쁘고 날씬한 친구가 스키니진을 입고서 "난 너무 뚱뚱해. 살 빼야 해." 라고 푸념하는 것을 들어 준 적이 있나요? 이는 마치 학창시절에 늘 반에서 1등을 하던 친구가 시험이 끝나고 당신에게 "나 시험 못 봤을까 봐 걱정이야." 라며 푸념하는 것을 들어 줄 때와 같은 기분일 것입니다. 이러한 것을 '겸손을 가장한 허풍'이라 칭하며, 남자보다 여자들 사이에서 흔합니다. 이 말을 듣는 상대방은 자신이 매우 열등하게 느껴집니다. 동시에 말하는 사람이 스스로를 매우 낮추었기 때문에 그러한 말을 들었을 때 드는 자신의 감정을 솔직하게 표현하지 못하게 됩니다.

몸매이야기의 다른 형태도 있습니다. 즉, 친구가 수영복을 입은 자신의 몸이 쓰레기 같다고 당신에게 푸념하면서 당신 모습은 너무 예쁘다고 추켜 줍니다. 혹은 두 친구가 서로 제3의 여성을 보며 "어쩜 저런 몸매와 나이인 주제에 감히 저 옷을 입을 생각을 할 수가 있어."라며 흉을 보는 경우가 있습니다. 이런 몸매이야기에 맞닥뜨리게 되면 처음엔 솔깃하지만 듣는 당신의 마음을 부식시키고 듣는 사람에게 자신의 몸에 대해 왜곡된 이미지를 갖게 만들고, 만약 당신이 섭식장애가 있다면 이런 유해한 몸매이야기에 특히 민감하게 영향을 받게 됩니다.

선택적 주의집중과 타인과의 비교의 위험성

한 연구에서 섭식장애가 있는 사람들에게 자신과 타인의 신체 사진을 보게 한 다음, 가장 아름다운 신체부위와 가장 추한 신체부위가 어디인지 물어보고, 아름다운 혹은 추한 신체부위를 얼마나 응시하는지를 평가하자(예: 시선 추적 기술) 놀라운 결과가 나타났습니다. 섭식장애인 사람들은 자신의 신체에서는 추한 부위를 오래, 자주 응시한 반면, 타인의 신체에서는 반대 양상을 보였습니다. 반대로 섭식장애가 아닌 사람들은 자신의 신체에서 좋아하는 부위를 더 오래 응시하는 것으로 나타났습니다.

이러한 결과는 섭식장애인 사람이 자신의 신체를 싫어하며, 다른 사람의 신체에 대해서보다 가혹하게 평가하는 것으로 나타났습니다. 이러한 태도는 섭식장애인 사람들을 불쾌하고 우울하게 만들며, 섭식장애를 지속하게 합니다. 또한 자신의 신체를 부정적으로 평가하기 때문에 타인도 자신의 신체를 부정적으로 평가할 것이라고 예상하게 됩니다.[1] 우리가 치료한 섭식장애 환자들은 이러한 선택적 주의집중이 자신의 삶에 영향을 끼친다고 말했습니다.

또한 거울은 우리 신체를 왜곡되어 보이게 합니다. 전신거울에 비추어 본다면 실제 자신보다 짧게 보입니다.

유미

"모임에 가면 온통 다른 사람들과 나를 비교하는 생각만 해요. '내가 저 사람보다 뚱뚱한가?' '내가 덜 매력적인가?' 이 질문에 대한 대답은 변함없이 '그래.'예요. 그러면 나는 다시 열등감에 휩싸이고, 다른 사람과 대화를 할 용기를 잃어버리게 되지요."

신체 측정 및 확인, 확인 질문, 회피 행동

섭식장애인 사람들 중에는 거울을 보는 데 많은 시간을 들이고 마음에 들지 않는 부분을 보고 또 보곤 합니다. 거울을 여러 각도에서 비춰 보며 반복해서 확인합니다. 혹은 손으로 허리나 배 부위의 살을 집어 보며 둘레를 재기를 반복합니다. 이러한 행동은 강박적이고 도움이 되지 않습니다. 다른 사람들에게 반복해서 확인을 받으려고 하기도 합니다 (예: "내가 이 옷을 입으면 뚱뚱해 보이지 않아?"). 어떤 사람들은 자신의 신체를 전적으로 외면해서 거울을 아예 보지 않거나 벗은 몸을 보려고 하지 않습니다. 신체 측정 및 확인, 확인 질문, 회피 행동을 통해 몸매에 대한 걱정에서 벗어나고자 하지만 결국에는 더 불행하게 느끼고, 섭식 장애에 매달리게끔 합니다.

이상적인 몸매나 몸매이야기의 유해성에 대응하는 방법

- 근처 미술관이나 도서관 혹은 책의 그림을 통해 이전 시대의 동서양 여성에 대한 그림이나 조각을 보세요. 여성들에 관한 그림이나 조각의 몸매가 시대나 문화에 따라서 어떻게 다른지를 보세요. 고대 그리스, 로마 시대의 조각상, 아프리카 원주민 여성의 그림이나 사진이 찍혀 있는 엽서를 사서 침대 머리맡에 꽂아 두세요. 그러한 사진을 보면 어떻게 느끼세요?
- 자, 이제 노트에 증거들을 적어 보겠습니다. 패션 모델처럼 마르지는 않았지만 멋지거나 아름답다고 생각되는 여성을 떠올려 보세요. 카페에 앉아 지나가는 사람들을 주시해 보세요. 어떤 이유로 그 사람을 멋지다고 생각하나요? 스타일, 옷, 자세, 표정, 다른 사람들에게 대하는 태도 등 어떤 이유인가요?
- 이제 당신이 아는 사람들을 떠올려 보세요. 그 사람이 그렇게 마르지 않았음에도 당신이 좋아하고 존경하는 이유가 무엇인지 생각해 보세요. 왜 그 사람을 좋아하나요?

사람들이 몸매이야기를 하고 있는 것을 알아차리세요. 당신이 몸매이야기를 들었을 때 어떤 느낌이 드는지 알아차리세요. 당신이 잘 모르는 사람들과 있다면 대화의 주제를 전환해 보세요. 대신 사람들에게 '진심이 담긴 칭찬'을 하세요. 진심이 담긴 칭찬이란 의도가 없이 순수하고, 구체적이고, 칭찬 받는 사람의 수고를 인정하고, 그의 수고가 당신에게 준 영향을 표현하고, 당신의 감정 표현을 섞어서 최적의 순간에 주는 말입니다.

내 몸에 친숙해지기

●

- 눈을 감고 당신의 몸을 만지고 쓰다듬어 보세요. 얼굴에서 시작해 점점 아래로 이동하면서 몸의 모든 부분에 대해 충분히 느껴 보세요. 무엇을 느끼나요? 피부가 거칩니까, 아니면 부드럽습니까? 따뜻합니까, 차갑습니까? 심장이 뛰는 게 느껴지나요? 숨을 쉴 때마다 가슴이 움직이는 게 느껴지나요? 뱃속에서 위장이 운동하는 소리가 납니까? 이렇게 몸을 만지는 게 즐거운가요, 불쾌한가요? 아니면 두렵기까지 한가요?

- 벽에 기대어 서세요. 어깨와 뒷머리를 벽에 꼭 붙여 보세요. 무엇이 느껴지나요?

- 고개를 들고 허리를 세우고 몸매에 자신 있는 사람처럼 걸어 보세요. 머리나 목에 너무 힘을 주진 마세요. 그렇게 하면 목에 통증과 긴장을 줄 겁니다(줄에 매달린 것처럼 몸을 가볍게 흔들며 걸어 보세요).

- 좋아하는 느린 음악을 틀고 부드럽고 조용하게 춤을 추어 보세요. 자, 이젠 좋아하는 빠른 음악으로 바꾸고 할 수 있는 한 격렬하게 춤을 추세요. 그리고 이완하세요.

- 당신 몸의 아주 작은 부분부터 아끼고 돌보세요. 스스로 당신 몸의 그 부분을 애지중지하세요. 예를 들어, 몸의 한 부분에 정성껏 바디로션을 바르거나 마사지하세요. 단계적으로 그 부위를 넓혀 나가세요.

내 몸 돌보기

●

당신의 몸을 좋아하지 않는다면, 신체리듬을 따르기보다는 무시하고, 신체를 소홀히 할 가능성이 많습니다. 신체에 대한 영양 공급을 위한 다음의 제안을 따르도록 하세요.

- 밤에 충분히 자도록 하세요. 낮 동안에도 잠깐이라도 휴식을 취하세요. 쉴 새 없이 자신을 몰아붙이지 마세요.
- 몸으로 할 수 있는 일, 또는 몸이나 외모를 위해 할 수 있는 일, 그러면서 당신에게 좋은 느낌을 줄 수 있는 일의 목록을 만들어 보세요. 산책, 목공일, 일광욕, 수영, 화초 가꾸기, 춤추기, 머리 손질하기, 마사지, 아로마 목욕은 어떨까요? (당신이 만든 목록이 대부분 격렬한 운동이라면, 이런 것들을 진실로 즐기는지 또는 체중을 뺄 수 있다는 이유만으로 좋게 느끼는 건 아닌지를 생각해 보세요.)
- 이완법은 몸과 마음을 재충전하는 탁월한 방법 중의 하나입니다. 이완법은 정상적으로 의식이 깨어 있는 상태와 잠들어 있는 상태 사이의 중간 상태를 경험하도록 하는 것이 목적입니다. 자동차에 비유한다면 공회전 상태, 즉 기어가 빠져 있는 중립 상태가 되길 원하는 것이지요. 이완법에는 몇 가지 기법이 있는데 어느 것이 당신에게 적합한지 알기 위해서는 우선 모두 다 시도해 보세요. 쉽게 될 거라고 예상하거나 마술처럼 순식간에 해결될 것이라고 하지 마세요. 사이클링이나 수영 등 여타의 기술처럼 이완법에 익숙해

지기 위해선 규칙적인 연습이 필요합니다.

유용한 기법들

●

신체 측정 및 확인, 회피 행동, 확인 질문

얼마나 자주 이러한 행동들을 하는지, 그것에 얼마나 시간을 소모하는지를 인식하고 기록해 보세요. 이런 것들을 줄이기 위해 단계별 계획을 세워 보세요. 어머니에게 당신의 외모가 어떤지를 반복해서 확인하는 문제가 있다면 어머니와 상의하고, 어머니가 당신을 안심시키려고 확인해 주는 것이 도움이 안 되는 행동이며 안심효과는 금세 소멸해 버림을 알려드리세요. 대신 어머니에게 당신이 그러한 행동을 요구할 때 "그러한 질문에 대답해 주지 말라고 전에 네가 부탁했었어. 대신 꼭 안아 줄게." 라고 답해 달라고 하세요(혹은 다른 식의 대응방안을 상의해 보세요).

좋아하지 않는 신체부위를 받아들이고 애정을 갖게 되기

배가 나오거나 튼살이 있거나, 엉덩이가 처졌거나, 허벅지가 굵다고 생각하나요? 당신이 이런 신체부위를 어떻게 생각하는지 당신의 신체부위에게 편지를 써 보세요. 그런 다음 몸이 쓴 답장을 받아 보세요. 답장을 큰 소리로 읽어 보세요. 그 신체부위가 당신에게 무엇을 해 주었나요? 다른 신체부위가 기능하는 것을 어떻게 도와주었나요? 그 부위는 어떤 기능을 하나요? 당신을 어떻게 뒷받침하고 있나요?

당신의 신체상 문제의 기원

당신의 신체상 문제가 어렸을 때의 경험과 관련이 있나요? 예를 들어, 형제 중 한 명이 늘 당신이 통통하다고 놀렸나요? 학교에서 놀리는 아이가 있었나요? 이제 그 사람들에게 편지를 써 보세요. 그들의 행동을 어떻게 느꼈었는지 알려 주세요. 그 사람이 지금은 자신의 행동을 성찰하고 깊이 반성하고 있을 거라 가정한다면 그들이 당신에게 보냈을 사과의 편지를 써 보세요. 이제 어렸을 때(즉, 놀림을 받을 당시)의 자신에게 온정의 편지를 써 보세요. 당신을 보호해 주고 위로해 주었던 것은 무엇이었나요? 쓴 모든 편지들을 검토해 보세요. 기분이 어떻게 바뀌었나요?

내 몸과 함께 살기

●

좋아하지 않는 몸과 더불어 사는 것은 어렵습니다. 우리가 본 많은 환자들은 인생을 즐기는 것을 피합니다. 외출을 하지 않고, 대인관계를 피하면서도 그들 모두는 똑같은 꿈을 꿉니다. "내가 좀 더 날씬하고 허벅지도 좀 더 가늘고 배가 나오지 않았다면, 내 인생은 완전히 달라졌을 텐데." 어떤 사람들은 이런 생각에 사로잡혀 시간을 낭비합니다.

안된 일이지만, 섭식장애의 초기에는 어떤 사람들은 심한 다이어트를 통해서 잠시 이상적인 외모를 갖게 되고, 이 시기를 어떤 희생을 치르더라도 돌아가고 싶은 가장 좋았던 시절로 회상하여 시행착오를 되풀이

하게 됩니다. 하지만 잠시의 만족을 위해 치렀던 대가가 얼마나 큰지에 대해 기억하는 사람들은 거의 없습니다.

주연

"솔직하게 말하면, 몸무게가 48kg이었을 때에도 내 삶은 그다지 장밋빛이진 않았어요. 밤낮으로 음식에 대해 생각했고 먹는 악몽을 꾸었지요. 무엇을 먹든 간에 죄책감을 느꼈고, 후회하지 않고는 사과 하나조차도 먹을 수 없었어요. 남자친구와는 수없이 말다툼을 한 걸로 기억해요. 그때 내가 아주 불안정했었다고 생각해요. 내가 좋아하던 음악에 대한 흥미도 잃어버렸어요. 많은 사람들이 내게 예쁘다고 말을 했지만 가까운 친구들은 내 성격이 완전히 변했다고 생각하는 듯했어요. 항상 마음이 산란하여 집중할 수 없었고, 친구들이 나에게 말할 때 나는 그들을 쳐다볼 수 없었어요. 친구들은 그런 내 모습을 전혀 좋아하질 않았어요."

섭식장애가 있는 사람은 자신의 체구를 실제보다 크게 평가하는 경향이 있습니다. 식사를 조절하지 못할수록 이런 경향은 더 심해집니다. 그러므로 섭식행동이 좋아지게끔 노력하는 것은 당신의 신체에 대한 태도가 좋아지게 하는 데 영향을 줍니다. 그렇지만 행동보다 태도를 변화시키기가 훨씬 어렵고 훨씬 느립니다. 그러므로 치료를 통해 신속히 정상적인 식습관을 갖게 되더라도, 신체에 대한 부정적인 신체상은 오랫동안 지속되는 경향이 있습니다. 참을성을 가지세요. 모든 것을 하룻밤 사이에 바꿀 수는 없습니다. 그러나 신체에 대한 나쁜 감정으로 인해 당신이 피해 온 것들을 다시 할 수 있습니다. 시간을 계속 낭비할 이유가 있을까요?

현경

현경은 그녀가 피해 왔던 모든 것들의 목록을 만들었습니다. 가장 두려워했던 것을 위쪽에 두고, 덜 두려워하지만 피하는 것들을 순서대로 나열하였습니다. 여기 현경이 만든 목록이 있습니다.

- 수영장에 가는 것/비키니 차림으로 해변에 가는 것(불가능)
- 남자와 블루스를 추는 것(이성적인 느낌이 드는 사람과 신체적으로 가까이 있는 것은 매우 어렵다.)
- 파티에 가는 것(새로운 사람을 만나고, 이야깃거리를 찾아내는 것이 어렵다.)
- 친구들과 음식점에 가는 것(내가 먹는 걸 본다면 친구들이 나에 대해 어떻게 생각할지 걱정이 된다.)
- 꼭 끼는 스커트를 입는 것(배가 나오고 허리가 두꺼운 것이 걱정된다.)
- 짧은 소매 티셔츠를 입는 것(팔뚝이 굵고 살이 축 늘어졌기 때문에 편치 않다.)
- 화사한 색의 옷을 입는 것(이렇게 입으면 나에게 관심이 집중될 것이라는 두려움 때문에 어렵다.)

현경의 경우와 비슷하게 당신의 목록을 만드세요. 다음 한 주 동안 쉬운 것부터 시작해 보세요. 그 다음 주엔 좀 더 어려운 것에 도전하세요. 당신의 주간 목표에 이걸 포함시키세요. 앞에서 제시한 대로 계속할 생각이라면, 처음부터 쉽고 즐거울 거라고 예상하지 마세요. 힘들고 불안하고 상당히 신경 쓰이는 시간이 될 수 있습니다. 자신에 대해 좀 더 편안하게 느낄 수 있게 되기까지는 상당한 시간이 걸릴 겁니다. 좀 더 나아지기 위해서는 어느 정도 위험도 감수해야 합니다. 당신이 염려하는 상황이 벌어진다 해도 두려워 말고 시작해 보세요. 설사 그런다 할지라도 무엇을 더 잃게 되겠어요?

보충자료

1. Alleva, J., et al. *Appetite*, 2013 Sep; 68: 98-104.

7장.
뚱뚱해도 괜찮을 수 있어요

당신이 폭식 외에 과체중도 문제라고 생각한다면 이번 장은 특별히 당신에게 도움이 될 것입니다. 3장의 〈표 3-1〉에서 키를 기준으로 당신의 체중이 정상 범위의 상한선을 넘는다면 이번 장을 반드시 읽으세요.

우리 사회에서 뚱뚱하면서도 행복하기는 쉽지 않습니다. 조선시대, 루벤스 시대, 20세기 중반의 마릴린 먼로 같은 육체파 여배우의 시대는 오래전에 가 버렸습니다. 체중을 기준으로 전 인구를 반으로 나누었을 때 당신이 살찐 쪽에 있다면, 다이어트를 하라는 지속적인 압력을 받을 것입니다. 만약 당신이 사회에서 인정하는 이상적인 체중에 맞추려는 노력을 하지 않고 있다면 신문, 잡지, TV, 인터넷, 아는 사람들, 심지어는 친구까지도 당신에게 도덕적인 열등감이 들게 할 것입니다.

애리

"나는 어릴 때부터 몸집이 컸고 십대 때도 컸었어요. 지금 72kg이에요. 체중 때문에 수년 동안 모욕과 조롱을 당해 왔어요. 남들이 내 체구를 함부로 비난해도 된다고 생각하고 있는 것이 놀랍기만 해요. 어느 날 귀가 아파서 가정의학과 의사에게 갔어요. 의사는 아픈 귀는 간단히 진찰해 버리고는 바로 과체중이 건강에 얼마나 위험한지에 대해 일장 연설을 하고는 영양상담을 받아보도록 권했어요."

애리는 또한 이렇게 말했습니다.

"내가 살을 빼겠다고 하면 가족들은 흐뭇해할 것이고, 나는 칭찬을 받을 것이라는 걸 알아요. 내가 사람들 앞에서 케이크 한 조각을 먹는다면 사람들은 이렇게 말하지요. '네가 다이어트 중이라고 생각했는데, 너 좀 자신만만한 것

아니니? 네가 살을 **뺀다면** 얼마나 예뻐 보일지 생각해 봐.' 설사 가족이나 친
구들이 제가 먹는 것을 보고 아무 말하지 않을 지라도 나는 그들의 얼굴에 비
친 실망감을 볼 수 있어요. '저 애는 될 대로 되라는 식으로 포기해 버린 거
야.'라고 생각한다는 걸 알 수 있어요."

비만은 오늘날 서구 사회에서 차별 대우를 받게 만들고 가장 많이 낙
인 찍히는 신체 특성 중의 하나가 되었습니다. 1992년 미국의 여성 단체
들은 다이어트라는 독재자에게 반기를 들고 **"저울은 고기를 달기 위한 것
이지 여성을 위한 게 아니다."**라는 슬로건 아래 체중 계측을 반대하기 시작
했습니다. 여러 단체들이 체형과 체구의 다양성에 대한 수용을 옹호하
며, 비만의 낙인에 대항하는 운동을 시작했습니다(Health at Every Size[1];
National Association for the Advancement of Fat Acceptance[2]).

과체중의 위험

●

과체중은 건강에 위험하다는 메시지는 매우 강력합니다. 많은 사람들
이 건강상의 문제로 다이어트를 시작합니다. 대중 건강 캠페인을 통해
비만이 심장질환, 고혈압, 당뇨, 관절질환, 심지어는 특정 암과 관련이
있다고 강조해 왔습니다. 그렇지만 지금에 와서 과학자들은 과체중의
건강에 대한 위험의 심각도가 과장되어 있으며, 경도나 중등도의 비만
인 사람들에게는 특히 그렇다고 생각합니다. 실제로 살이 찐다는 것은

어떤 질환에 있어선 인체를 보호해 줄 수 있습니다. 최근 연구들은 심장 질환을 초래하고 죽음에 이르게 하는 것은 비만이 아니라, 주기적으로 다이어트를 하는 사람에게서 흔한 체중의 요요 현상일 가능성이 크다는 것을 보여 주고 있습니다. 체중이 많이 나가면서 신체가 단련된 사람이 마른 사람보다 건강이 더 위험하지는 않습니다.

다이어트에 관한 아름답지 않은 점들

●

'사회 분위기가 문제임을 인정한다. 그러나 사회가 내 체형을 인정하고 받아들여 줄 때까지 기다릴 수 없다. 나는 당장 살을 빼길 원한다.'라고 생각할 수 있습니다. 3장에서 이야기한 '다이어트는 효과가 없다'라는 것을 기억해 보세요. 효과를 불문하고, 어느 다이어트라 할지라도 폭식을 초래할 수 있습니다. 체중이 오르내리면서 요동치기 시작할 것이며, 이런 불안정성은 신체에 해로운 대사 패턴을 초래하고 인슐린, 지방, 혈당의 변화가 심해지며, 궁극적으로는 체중이 점점 증가하게 됩니다. 그래서 건강과 미를 얻기 위해서 시작된 다이어트는 정반대의 부작용을 초래하게 됩니다.

지연

23세인 미용사 지연은 지난 3년 동안 체중이 20kg 이상 늘었습니다. 엄격한 다이어트를 시작했으나 폭식과 단식의 요요 현상이 계속되어 서서히 체중

3년간 지연의 체중

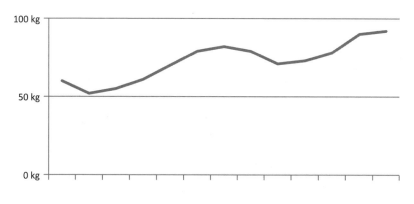

[그림 7-1] 지연의 체중 변화

이 증가한 것입니다([그림 7-1] 참고).

가슴 아픈 진실은, 폭식을 극복하고 체중이 당신의 몸에 적합한 수준에서 안정되게 하기 위해서는 다이어트를 중단해야만 한다는 것입니다. 이 사실을 받아들이는 것은 정말로 어렵습니다. 앞서 소개한 것처럼 식사일기를 통해 식습관을 모니터링하는 것이 필수적인 첫걸음입니다. 매일매일 규칙적인 식사와 간식을 섭취하는 것이 중요합니다.

유진

24세인 유진은 정상적인 식사를 하는 것이 불가능해졌음을 깨달았습니다. 일주일에 하루나 이틀은 심한 절식을 하고 나머지는 폭식을 합니다. 섭식장애 전문의는 유진에게 하루에 세 번의 식사와 세 번의 간식을 먹어야 한다고 했고, 식사나 간식 때는 먹고 싶은 것은 어느 것이나 먹을 수 있다고 했습니다.

"의사의 말을 듣고 굉장히 놀랐어요. 어른이 된 이후로는 원하는 것을 거의 먹어 보지 못했다는 것을 알았어요. 이 다이어트에서 저 다이어트로 끊임없이 헤매었지요. 여기서 치료를 받으면서 규칙적으로 먹고 감자, 푸딩, 사탕을 포함해서 내가 먹고 싶은 것은 어느 것이나 먹도록 허용했어요. 일주일간 그렇게 했더니 3kg이 준 걸 알고 너무나 놀랐어요. 이후 계속해서 체중이 줄어든 것은 아니었지만 줄어든 체중을 유지할 수 있었고, 내가 기억하는 한 줄어든 체중이 안정적으로 유지되는 것은 내게 처음이었어요. 두 달 후 규칙적인 식사에 익숙해지고 편안해졌을 때 의사는 이제 제가 아주 조금씩 감량을 해도 안전할 것이라고 이야기했어요. 그래서 시행한 방법이 하루에 1,700칼로리 이상 먹지 않는 것이었어요. 정말로 어떤 음식도 과식하지는 않았지만 좋아하는 음식을 모두 계속 먹을 수 있다는 사실이 놀라웠어요."

고립된 생활에서 벗어나기

●

뚱뚱하다는 낙인 때문에 일상생활, 직업, 사회생활, 가족생활에 이차적인 문제가 생길 수 있고, 점점 악순환에 빠질 수 있습니다. 뚱뚱한 동안에는 삶을 즐길 수 없다는 생각은 삶을 '유보상태'에 처하게 할지도 모릅니다. 다른 사람들이 당신에 대해 언급할 것이라고 생각하는 것 때문에 자신을 외롭게 만들고 비참한 상태에 두는 것은 결국 당신을 불행에 빠트리는 확실한 방안이고 계속 더 벼랑으로 미끄러져 가게 할 것입니다. 그러므로 목표를 정하고, 이런 사실을 염두에 두면서 당신의 삶을 계획하는 게 중요합니다.

지연

앞서 소개한 지연은 체중이 늘어나자 같이 일하는 다른 미용사들에게 심한 열등감을 느끼고, 꽉 끼는 유니폼을 입을 수 없었기 때문에 미용실을 그만두 었습니다. 점점 사회생활을 하지 않으려 하더니 나중에는 슈퍼마켓에 갈 때만 외출하게 되었습니다. 스스로가 비참하고 외롭게 느껴졌습니다. 치료를 시작 하면서 지연은 섭식장애 전문의의 격려에 힘입어, 생각만 해도 두려운 일이었 지만 외출과 사람들을 만나는 것을 시도해 보기로 했습니다. 일주일 후 지연 은 의사에게 지난주에 있었던 일을 이야기했습니다.

"호프집에 갔어요. 아주 두려웠고, 그곳의 모든 사람들이 내가 얼마나 뚱 뚱한지, 얼마나 추한지, 얼마나 형편없는지를 보면서 나를 주시하는 것처럼 느껴졌어요. 친구와 같이 갔는데 우리는 구석 테이블에 앉았어요. 10분 정도 지나자 다른 사람이 나를 주시한다는 생각은 완전히 잊어버렸고, 편안히 즐길 수 있었어요. 정말 좋은 저녁을 보냈고 다음 주에 또 외출할 거예요."

몸을 흔드세요

●

당신은 학교 다닐 때 운동을 싫어했거나 운동을 못해 웃음거리가 되 었거나 조롱당했던 사람일지 모릅니다. 당신도 지연처럼 운동하는 데 적합한 체형이 아니라고 느껴 운동을 피할 수 있고, 혹은 사람들과 사회 로부터 숨고 싶을지도 모릅니다. 그렇게 하지 마세요. 당신이 뚱뚱하다 고 할지라도 운동을 할 수 있습니다. 당신에게 적합한 활동의 종류는 무

7장. 뚱뚱해도 괜찮을 수 있어요

궁무진합니다. 자신에게 적합한 활동을 찾아내기 위해 여러 가지 운동을 시험 삼아 해 볼 수 있습니다. 규칙적이고 과하시 않은 운동이 체중을 많이 감소시키지는 못할 것입니다. 그러나 중요한 사실은 이 정도의 운동이라도 대사율을 증가시켜서 체중을 안정적으로 유지해 준다는 것입니다. 또한 운동은 식욕을 증가시키는 게 아니라 오히려 약간 감소시킵니다. 운동은 유연성, 힘, 스태미나를 증가시킵니다. 운동이야말로 스트레스를 줄이는 이상적인 방법입니다. 운동은 걱정거리에서 벗어나게 해 주고 운동 후에는 훈훈함, 상쾌함, 편안함, 느긋함을 느낄 수 있습니다. 그래서 많은 섭식장애 환자들에게 운동은 그동안의 스트레스 극복의 주된 방법이었던 폭식이나 구토를 대신할 수 있습니다. 운동은 우울한 기분을 개선시키고 숙면을 도울 수 있습니다.

기억하세요. 운동은
1. 건강과 젊음을 향상시킵니다.
2. 성취감을 주고, 당신이 스트레스를 잘 다룰 수 있게 도와줍니다.
3. 체중이 증가하는 것을 막고 안정되게끔 도와줍니다.
4. 근육이 빠지지 않도록 지켜 줍니다.

장애물 극복하기

• 많은 섭식장애 환자들이 '전부 아니면 전무'라는 흑백논리적인 태도로 인생을 대하기 때문에, 무턱대고 일을 시작해서 지나칠 정도로 열심히 하다가 너무 고생스러워서 다시는 그 일을 쳐다보지도 않게 됩니다. 운동에 있어서도 그런 경우가 많습니다. 당신이 즐겁게 할 수 있는 활동을 찾아 천천히, 점진적으로 강도를 높여 가는 것이 낫

습니다. 당신을 좋게 하고자 하는 운동이 괴로움을 주어서는 안 됩니다. 만약 그렇다면 당신은 너무 심하게 자신을 몰아붙이는 것입니다. 운동으로 호흡이 너무 가빠져 힘들다면 속도를 늦추세요.

- 섭식장애 환자의 특징은 다른 사람의 눈치를 보고 남들에게 이기적으로 비추어질까 두려워 하는 것인데, 이는 자신을 위해 시간을 들이는 것을 아깝고 미안하다고 느껴지게 만듭니다. 운동을 하면 당신을 위해 그렇게 많은 시간을 들이지 않아도 됩니다. 운동에는 단지 20분, 일주일에 두세 번이면 충분합니다. 실제로 해 보면 시간을 할애하는 것이 의외로 어렵지 않다는 것을 알게 될 것입니다.

- 어린 자녀가 있더라도 좀 더 운동할 수 있는 길을 찾을 수 있습니다. 아이들과 함께 할 수 있는 시설을 갖춘 운동 기관들이 있으며, 구청이나 구민체육센터 등에서 이에 관한 좀 더 자세한 정보를 얻을 수 있습니다.

- 가능하다면 당신의 운동 계획에 아이들도 포함하세요. 아이들에게도 좋은 습관을 갖게 해 줄 것입니다. 산책할 때 유모차에 태워서 데려가거나, 함께 자전거를 탈 수도 있습니다.

- 다른 사람과 함께 운동하는 것을 생각해 볼 수 있습니다. 친구와 함께 걷기 운동을 하거나, 당신이 참여하는 요가 수업이나 아쿠아 에어로빅에 친구가 함께하도록 설득할 수 있습니까?

- 매일의 일과에 쉽게 부합될 수 있는 것을 선택하세요. 그래야 규칙적으로 할 수 있습니다. 특정 운동을 위해 멀리까지 가야만 하는 것이나 특정한 날씨나 기후에만 할 수 있는 운동을 선택하진 마세요.

- 자기패배적인 '우물 안 개구리' 같은 태도는(10장에서 언급됨) 비만

인 사람들로 하여금 어떤 운동도 피하게 만듭니다. 자신이 우스꽝스럽게 보이지 않을까, 또는 다른 사람들이 조롱하고 비웃지 않을까 하는 두려움 때문입니다. 그렇게 생각하는 사람이 있을 수 있지만, 무시할 수 있을 정도로 극소수이기 마련입니다. 반면, 당신이 믿는 사람들은 긍정적인 무엇인가에 도전하는 당신의 용기와 노력을 칭찬할 것입니다.

• 심장이나 근육에 의학적 문제가 있거나 운동이 당신에게 적합한지 아닌지 걱정된다면 의사와 상의하세요. 그렇지만 적절한 운동이 위험할 정도의 건강 상태인 사람은 극소수에 불과합니다.

생활습관 바꾸기

'전부 아니면 전무'라든가, '나는 완벽해. 그렇게 못한 나는 전혀 쓸모없어.' 하는 식의 인생에 대한 태도는 운동이란 관점에서 보면 아주 잘못되었다는 것을 다시 말하고 싶습니다. 당신이 마라톤을 시작할 필요는 없습니다! 신체활동이나 활력을 증가시키는 것은 조금만 더 걷거나, 집이나 직장에서 조금 더 활동을 늘리는 것과 같이 생활환경에 약간의 변화만 주더라도 달성할 수 있습니다.

이렇게 하기 위한 새로운 방법은 일상적인 일들을 좀 더 능동적으로 하는 것입니다. 효율적으로 생활한다는 명목으로 움직임을 적게 하지 마시고, 능동적이라 생각되게끔 활동하세요.

걷기

걷기는 다칠 위험이 거의 없으면서 누구나 할 수 있는 매우 좋은 운동입니다. 걷는 동안에 주변을 관찰하거나, 사색하거나, 음악을 듣거나,

어학연습을 하거나, 친구나 파트너와 이야기하는 데 시간을 사용할 수 있습니다.

편안한 신발 외에는 비싼 도구가 필요치 않습니다. 시작하기 전에 발에 파우더(땀띠 방지용 가루)를 뿌리고, 걷기가 끝난 후엔 친구에게 발 안마를 부탁하거나 10분 정도 아로마 향의 더운 물에 발을 담그십시오.

하루에 15분씩 걷는 걸로 시작해서, 매일 또는 매주마다 5분씩 늘려가세요. 15분간의 걷기가 벅차다면 더 짧게 시작하세요. 목표는 매일 한 시간 정도 걷는 것입니다.

언제, 어디서, 누구와 하는 것이 가장 좋은지를 알기 위해 여러 가지를 시도해 보세요. 회복 도우미와의 걷기는 TV나 스마트폰 등의 방해 없이 대화할 수 있는 아주 좋은 시간이 됩니다. 당신과 그 사람의 긴장을 풀어 주고 생각할 시간을 줄 것입니다. 규칙적인 걷기를 위해 늘 강아지와 함께 가야 할 필요는 없습니다.

걷기는 같은 거리를 달리는 것과 동일한 칼로리를 소모시킵니다. 얼마나 빨리 가느냐보다는, 얼마나 멀리 가느냐가 더 중요합니다.
일상생활에서 걷기를 생활화하는 방법을 생각해 보세요.

- 걷기 위해 30분 일찍 일어난다.
- 점심시간에 걷는다.
- 일과 후에 걷는다.
- 취침 전에 걷는다.
- 마트 주차장의 가장 먼 곳에 주차시키고 걸어 들어간다.
- 버스나 지하철을 이용할 때 목적지보다 한 정거장 앞서 내린다.
- 걷기 동호회 같은 것에 가입하는 것을 생각해 본다(예: Ramblers[3]나 Walking for Health[4])

7장. 뚱뚱해도 괜찮을 수 있어요

매일의 일과에 걷기가 포함되도록 노력하세요. 그러나 특별한 날에 못하게 되었다고 실망할 필요는 없습니다. 걷는 시간을 염두에 두고 휴가 계획을 세워 보세요.

계단 오르기

계단 오르기는 조깅, 사이클링 같은 격렬한 운동보다도 분당 좀 더 많은 칼로리를 소모합니다. 아파트, 직장, 대형마트, 지하철 역 등 주변에서 계단을 쉽게 발견할 수 있기 때문에, 생활습관에 계단 오르기를 넣기는 아주 쉽습니다. 현대적인 건물이라면 계단을 찾기가 약간 어려울지 모릅니다만 그런 곳에도 계단은 있습니다. 연구에 의하면 규칙적인 계단 오르기는 몸을 단단하게 하고, 지방을 줄이고, 허리둘레를 줄이고, 혈압을 낮추는 효과가 있습니다. 하루에 10분씩 일주일에 5회 계단 오르기를 하면 사망 위험을 15% 감소시킵니다.[5]

엘리베이터를 가능한 한 피하고, 이용하더라도 가고자 하는 층의 한 층 전에 내려서 걸어 올라가도록 해 보세요. 집에서나 직장에서나 계단을 많이 오르내리도록 노력하세요. 계단을 많이 사용하기 위한 당신만의 새로운 방법을 발견해서 당신의 일과에 넣어 보세요.

목표 정하기

기술의 발전으로 운동량 측정이 쉬워졌습니다. 많은 종류의 기기가 있어서 걷는 동안 보행 수를 측정하거나, 소모 열량을 측정하거나, 맥박이나 혈압을 측정할 수 있습니다. 이런 기기들은 컴퓨터로 데이터를 다운로드 해서 당신의 운동량을 통계낼 수 있습니다. 하루 1만 보까지 걷는 양을 늘려 가도록 하세요. 대부분의 사람은 하루 3,000~4,000보를 걷고, 당신이 1,000보에 10분 정도 소요할 거라고 예상한다면 겁먹지 않아도 될 것입니다.

다음에 섭식장애를 가진 사람이 운동량을 어떻게 증가시켜 왔는지에 대한 예가 있습니다.

지연

앞서 소개한 지연은 체중이 늘기 전에 다녔던 에어로빅 강습에 다시 다니면서 운동량을 증가시킬 수 있을지에 대해서 처음엔 대단히 회의적이었습니다. 지연은 강습에서 가장 쉬운 운동조차 따라가는 것이 벅차다는 것을 알게 되면서 많이 상심했습니다. 섭식장애 전문의는 지연에게 운동을 점차적으로 다시 시작할 필요가 있음을 설명했고, 우선은 하루 10분간의 빠른 걷기를 목표로 결정했습니다.

"의사가 하루 10분간의 걷기를 제안했을 때, 저는 그것을 너무 하찮게 생각했어요. 몇 시간 동안 정말 열심히 운동을 해야만 한다고 생각했었고 그렇지 않을 거면 아예 안 하는 게 낫다고 생각했죠. 의사는 몸이 다시 운동에 적응하는 데 시간이 필요하고, 점진적으로 강화시키는 것이 최선의 방법이라고 설명했어요. 사실, 그 말을 확신했다기보다는 에어로빅을 따라갈 수 없어서 낙심하였기 때문에 큰 기대를 하지 않으면서 따라 해 보겠다고 생각했어요. 약간 어두워서 다른 사람들이 나를 볼 수 없을 거라고 생각되는 저녁시간에 친구와 걸으러 나가겠다고 의사와 약속했어요. 우선 약간 걸은 후에 10분간 빠른 걷기를 했고 그 후 집까지 천천히 걸어서 돌아오는 것으로 마무리했지요. 이런 방법이 나에게 힘들지 않다는 것을 알았고, 점진적으로 빨리 걷는 시간을 일주일에 5분씩 증가시켜 나갔어요. 집 밖에 나가서 하는 걷기를 통해 다른 사람이 나를 쳐다볼 거라고 신경 쓰는 데 덜 예민해졌고, 그러자 낮 시간에도 걸으러 나가게 되었어요. 걷기는 저에게 단지 가만히 앉아서 내 문제가 사라져 버리기를 기다리는 게 아니라, 도움이 되는 긍정적인 무언가를 하고 있다는 것을 깨닫게 하는 좋은 느낌을 주었어요."

은아

은아는 29세의 전화 상담원인데 하루 종일 앉아서 일하기 때문에 활동적인 생활이 대단히 어렵다는 것을 알게 되었습니다.

"제 생활에서 어떤 운동을 어떻게 할 수 있을지를 몰랐어요. 그래서 버스를 한 정거장 먼저 내려 직장까지 조금이라도 걸어야겠다는 생각을 하게 되었지요. 시작한 처음 며칠간은 너무 피곤했어요. 그러나 점점 쉬워지고 성과가 보이기 시작했어요. 이후 저는 두 정거장 전에서 내렸고 다음엔 세 정거장, 그리고 1년 반이 지난 지금은 40분 거리인 직장까지 걸어서 통근하고 있어요. 걸으면서 버스를 지나칠 때 버스 차창을 내다보는 승객들의 창백하고 무표정한 얼굴들을 보고 '나도 저랬었지.'라고 생각할 때면 정말로 유쾌해진답니다."

집에서 운동하기

많은 사람들이 집에서의 운동을 선호합니다. 사적인 공간이고, 아이를 돌봐 줄 사람을 찾을 필요가 없고, 차를 타고 갈 필요도 없습니다. 영국 NHS Choices 웹사이트에서 유산소운동, 근력운동, 필라테스, 요가, 단계적인 운동방법 등에 관한 정보를 다운로드 하는 것도 도움이 됩니다.[6] 온라인에서 시행하는 검사를 통해 어떤 운동이 당신에게 가장 잘 맞을지를 알아볼 수 있습니다.

적극적인 실외 운동

① **수영**: 체력, 스태미나, 유연성을 증가시키기 좋은 운동입니다.[7] 물의 부력 때문에 관절에 무리를 주지 않으므로 비만하거나 신체에 약간의 장애를 가지고 있는 경우에 특히 좋습니다. 수영장에 따라서는 여성을 위한, 또는 어린아이가 있는 어머니를 위한 특별 프로그램이 있는 경우도 있습니다. 구청 등 관련기관에 문의한다면 저렴한 비용에 이용할 수 있는 정보를 받을 수도 있습니다.

혜령

혜령은 어려서부터 항상 체중이 많이 나가는 편이었습니다. 자녀 출산 후에는 식습관이 망가졌고 체중이 아주 많이 늘었습니다. 혜령은 항상 활동적이었지만 몸을 부끄러워하게 되면서 외출이 줄었습니다. 수영을 권유 받았을 때 혜령은 마음이 내키지 않았습니다. 남 앞에서 벗은 몸매가 드러난다는 것이 무척 창피하다고 말했습니다. 그렇지만 근처의 수영장에 가능한 강좌가 있을지 알아보기 위해 가 보았습니다. 그곳엔 여성만을 위한 강좌는 없었으나 새벽 수영반이 있었습니다. 우선 새벽반에 참가하기로 결정하고, 수영복 위에 긴 티셔츠를 입었습니다. 실제 강습시간에 보니 다른 사람들은 대부분 잠이 덜 깬 듯 졸려 보였고 자기 운동에 열중하느라 혜령을 주시하지 않는다는 걸 깨달았습니다. 그래서 남편의 출근 전에 일주일에 세 번 수영 강습에 나가기로 했습니다.

당신이 좀 더 운동에 적극적이 되고 나면 다양한 운동 프로그램을 해보길 원하게 될 것입니다.

② **자전거 타기**: 스태미나와 하체의 힘을 기르는 데 좋습니다. 새 자전거를 살 여유가 없다면 중고 자전거를 살 수도 있고, 자전거 전용도로가 있는 곳에서 빌려서 안전하게 타거나 사이클 동호회에 참가할 수 있습니다.

③ **달리기**: 가장 많이 하는 운동이지만 관절에 무리를 줄 수도 있습니다. 그러므로 부드러운 흙길 위를 달리고 알맞은 신발을 신어야 합니다. 달리기 동호회에 참가할 수 있는데 그런 동호회는 꼭 잘하는 사람만을 위한 것은 아닙니다. 영국 NHS Choices 웹사이트를 이용하면 신체에 무리가 가지 않는 달리기 방법을 배울 수 있습니다.[8]

④ **골프**: 최근에는 그리 고가가 아닌 연습장들을 찾을 수 있습니다.

⑤ **볼링**: 사교적인 스포츠로서 모든 연령에 걸쳐 할 수 있습니다.

⑥ **라켓 운동**: 배드민턴이나 탁구 같은 운동은 초보자들에게 좋습니다. 저녁 강습에 나가 할 수도 있고, 동호회에 가입할 수도 있습니다.

⑦ **보디빌딩**: 점점 더 많은 여성이 보디빌딩을 시작하고 있습니다. 시작할 때는 먼저 어떻게 안전하게 보디빌딩을 할 수 있는지 배우는 것이 필요합니다.

⑧ **태권도, 유도, 복싱**: 많은 동호회와 체육관들이 있지만 인증받은 믿을 만한 기관인지 확인하는 게 필요합니다.

⑨ **요가나 댄스:** 강습 수준이 당신에게 맞는지 확인하세요. 초보자 단계부터 시작하세요. 강사가 어떤지가 중요하고, 잘 맞지 않다면 반을 바꾸는 것도 좋습니다.

보충자료

1. http://www.haescommunity.org/
2. http://www.naafaonline.com/dev2/the_issues/index.html
3. http://www.ramblers.org.uk/
4. http://www.walkongforhealth.org.uk/
5. Meyer, P., et al. Stairs instead of elevators at workplace : Cardioprotective effects of a pragmatic intervention. *European Journal of Cardiovascular Prevention & Rehabilitation*, 2010 Oct ; 17(5) : 569-575.
6. http://www.nhs.uk/live-well/exercise/free-fitness-ideas/
7. http://www.nhs.uk/live-well/exercise/swimming-for-fitness/
8. http://www.nhs.uk/live-well/exercise/running-tips-for-beginners/

8장.
재발: 악순환에 빠지느냐, 마느냐

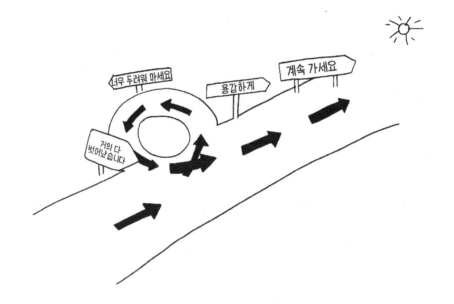

섭식장애는 당신이 앞으로 살아가는 데 아킬레스건으로 남아 약점이나 급소가 될 수 있습니다. 항상 경계하고 관찰하는 태도를 가져야 재발의 기미가 조금이라도 보일 때 재발로 이어지는 것을 막을 수 있습니다. 작은 실수를 어떻게 예방할 것이며, 만약 실수를 하게 되더라도 어떻게 대처해야 할지를 알고 있어야 합니다.

실수나 재발 예방하기

●

재발을 계획해서 도전하기

섭식장애로부터 회복 과정에 있는 사람은 누구나 섭식장애 문제가 완전히 없어지기 전까지 장애물을 만나기도 하고 실수도 하고 재발을 경험할 수 있습니다. 이런 사실을 알고만 있어도 실수를 했을 때 지나치게 공포스러워하지 않을 수 있습니다. 많은 환자는 얼마간 폭식이나 구토 없이 잘 지내면, 폭식이나 구토가 예전보다 더 강한 모습으로 예고 없이 찾아올지 모른다는 생각 때문에 걱정하고 두려워합니다. (이것이 잘못된 생각임을 아십니까? 10장에 이 주제에 관한 설명이 있습니다.) 이런 공포를 다루는 실제적인 방법 중 하나는 당신 스스로 계획해서 재발에 도전하는 것입니다. 농담이 아닙니다. 당신이 가장 두려워하는 대상을 미리 계획해서 도전해 보는 것은 공포를 이길 수 있는 아주 좋은 방법입니다.

- 시간을 내서 폭식을 계획합니다. 폭식할 때 많이 먹게 되는 음식을

사서 의도적으로 폭식을 시도해 보세요. 식탁 위에 구입한 음식을 모두 다 펼쳐 놓고 더 이상 먹을 수 없을 정도가 될 때까지 실컷 먹어 보세요. 할 수 있는 한 먹는 데에만 온전히 집중을 하세요. 실제 폭식이 일어났을 때처럼 뱃속에 많이 우겨 넣을 수 있나요? 폭식 때 먹었던 양만큼 먹을 수 있습니까? 어떠세요? 당신이 생각했던 최악의 사태가 일어났습니까? 계획된 폭식이 끝났을 때 당신은 폭식이 재발했다고 느낍니까?

- 폭식 없이 너무 잘 지내고 있어서 걱정이 된다면 한 달에 한 번은 이 연습을 해 보세요.

실수가 일어났을 때 대처하기

●

한 번 실수가 일어나면 최악의 상황을 떠올리기 쉽습니다. 당신은 한 번의 실수에도 크게 실망하고 자신을 비난할 수 있습니다. 또 단 한 번의 실수에도 나는 완전히 실패했으며 절대로 더 이상 나아질 수 없다고 너무 쉽게 판단하기도 합니다. 당신은 회복을 향한 과정이 너무나 어렵다고 예상하고, 또 노력하는데도 불구하고 성공과 실패가 반복되는 괴로움이 너무 커서 이겨 내기가 힘들겠다고 생각할지도 모릅니다. 이런 자포자기하는 생각 대신, 자신에 대해서 긍정적으로 이해하도록 노력해 보세요.

자기연민(self-compassion)은 자신의 가치를 알고 남과 비교해서 판단하지 않는 태도를 말합니다. 세 가지로 구성되어 있습니다.

- 자기자애(self-kindness), 즉 자신과 자신의 행동을 관대하게 생각하는 것
- 실수, 고통, 불공평의 문제는 사람 사는 세상에 늘 존재한다고 생각하는 것
- 자신과 자신의 행동, 삶의 싫어하는 면을 무시하지도 말고 그렇다고 너무 심각하게도 생각하지 말 것

실수를 했다면 어떻게 이해하는 게 좋을까요? 자신을 미워하거나 경멸하지 마세요. 당신이 회복하기 위해 열심히 노력하는 과정에서 일어났기 때문에 실수를 좋게 해석하세요. 현실을 직시하고 실수에서 배울 게 무언지 생각해 봅니다. 한 번 졌다는 것이 다음번의 실패를 의미하지는 않습니다. 단지 실수였으며 당신은 대처할 수 있습니다.

실수로부터 배우기

실수가 일어났을 때 감정에 휩쓸리지 말고 한 발자국 물러서서, 실제 그것이 어떻게 일어나게 되었는지 냉정하게 보려고 노력하세요. **"나도 모르게 그냥 일어났어요."** 라고 말하지 마세요. 항상 이유가 있습니다. 스스로에게 다음의 질문을 해 보세요.

- 3장에서 기술한 다이어트 기본 규칙들(p. 68 '최적의 체중과 체형 갖기'와 p. 73 '새로운 식습관에 익숙해지는 방법')을 어기지는 않았는지? 세끼 식사와 세 번의 간식을 잘 지켰는지? 매끼 식사시간에 충분한 양을 먹었는지? 식사를 거르진 않았는지 또는 식사와 식사 사이의 간격이 너무 길지는 않았는지?

- 아직도 당신이 일상생활에서 즐거움과 위안을 얻는 가장 손쉽고 빠른 방법이 폭식은 아닌가요? 그렇다면 위안을 얻고 스트레스를 줄일 수 있는 건강하고 안전한 다른 방법을 찾아서 일상생활을 바꿀 필요가 있습니다.
- 스트레스, 상심, 우울, 외로움, 불안 또는 다른 불쾌한 감정에 의해 실수가 유발되었나요? 그렇다면 이런 유발요인을 완화시킬 방도를 열거해 보세요.

실수에 대해 깊이 생각해 볼수록 그 실수는 당신에게 가르침을 줄 것입니다. 그러면 폭식 충동을 중단시키거나 또는 폭식 충동이 일어날 때 다른 방법으로 대처할 수 있는 계획을 세울 수 있게 도와줍니다. 한 번의 실수를 무시하지 마세요. 한 번으로 끝날지, 반복될지는 당신의 의지에 달려 있습니다(작은 실수에서 배운다고 생각은 하지만 의지가 약하다고 자신을 탓하지는 마세요).
유발요인이 된 행동이나 상황을 변화시키고자 적극적이고 능동적인 조치를 취하고, 이때 다른 사람의 도움이 필요하다면 요청하세요.
한 번 실수했을 때 폭식을 계속해서 완전한 재발로 갈 것인지, 한 번의 실수로 끝날 것인지는 당신이 어떻게 대처하느냐에 달려 있습니다.

일상에 즐거움 더하기

●

　많은 여성, 그중에서도 특히 섭식장애가 있는 여성은 직장, 가정, 소셜 네트워크에서 다른 사람들의 요구를 만족시키느라 너무 많은 시간을 보내면서도 정작 자신이 원하는 바를 충족시키는 일은 어려워할 뿐만 아니라 심지어는 자신이 원하는 것을 인식하는 데도 어려움이 있습니다. 의무사항(해야만 하는 것)과 희망사항(내가 원하는 것) 사이의 불균형이 종종 재발을 일으킵니다. '의무사항'과 '희망사항'은 주위의 압력이나 상황에 따라 다를 수 있습니다. 〈표 8-1〉은 젊은 변호사인 섭식장애 환자 정연의 일기입니다.

　〈표 8-1〉에서 알 수 있듯이 정연의 하루 일과는 대부분이 의무사항으로 채워져 있습니다. 그녀가 할 수 있고 원하는 것은 오직 음식과 관련된 것이고, 이것은 오후와 저녁에 집중되어 있습니다. 당신도 그렇습니까? 음식을 먹을 때 당신은 스트레스가 많이 해소되고 위로가 됩니까? 섭식장애가 있는 여성은 먹는 것이 일상생활에서 유일한 즐거움이고, 가장 쉽게 자신을 위로할 수 있는 방법이기 때문에 과식이나 폭식을 포기하는 것이 어렵다고 말합니다.

〈표 8-1〉 정연의 '의무사항'과 '희망사항' 일기

활동	의무사항	희망사항
기상	+	
차 몰고 출근하기	+	
이메일과 전화 업무	+	
의뢰인 상담 3건	+	
점심 먹을 시간도 없이 일하기	+	
은행 일 보기	+	
보고서 작성	+	
2건의 상담 더 하기	+	
귀갓길에 먹으려고 매점에서 과자 사 두기		++
차 몰고 귀가하기	+	
구토		+
집안 정리	+	
다림질	+	
보고서 완성	+	
저녁식사		+
폭식		+

8장. 재발: 악순환에 빠지느냐, 마느냐

- 일주일간의 '의무사항 목록'과 '희망사항 목록' 일기를 써 보세요.
- '의무사항'들이 당신의 인생을 대신하고 있지는 않나요? 자신을 위한 삶과 남을 위한 삶을 균형 있게 만들 필요가 있고, 당신의 몸과 마음을 풍족하게 해 주는 활동들을 일상생활에 포함시켜야 합니다.
- 당신의 삶에서 희망사항과 의무사항을 좀 더 균형 있게 하기 위해서 무엇을 할 수 있나요?
- 먹는 것 외에 당신을 편하게 하고, 즐거운 자극이 될 수 있는 것은 무얼까요?
- 당신의 '희망사항'과 '하고 싶은 것'의 목록을 만들어 보세요. 큰 일, 사소한 일을 다 포함시키세요. '제주도 같은 좋은 휴양지에 있는 특급호텔에서 일주일간의 휴가' 같은 큰 소망과 더불어 '매일 아침 10분 동안의 휴식'과 같은 간단한 일도 포함시키세요. 작성된 목록을 하기 쉬운 것부터 나열하고 작은 것부터 바로 시작하세요. 이것들 중에 적어도 한 가지는 매일 할 수 있도록 노력하세요.

폭식 스스로 치료하기

9장.
어린 시절의 상처

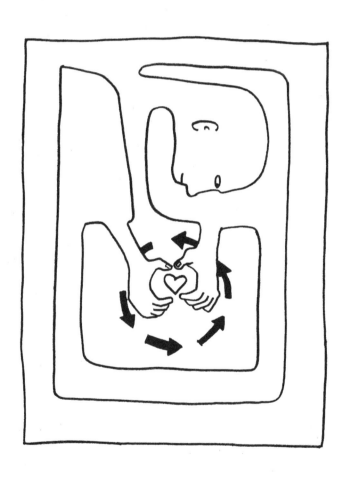

당신이 어렸을 때 꼭 필요한 안정적인 사랑과 건강한 애착관계가 결핍된 채 양육되었을 가능성이 있습니다. 섭식장애가 있는 여성은 어린 시절 부모의 불화, 적절하지 못한 양육, 구타나 언어 폭력, 성폭행을 경험한 경우가 많습니다. 이런 경험은 부모의 별거, 이혼, 사별 때문일 수 있고, 부모의 우울증, 알코올 남용 같은 문제에 기인할 수도 있습니다.

한편, 겉으로는 두드러지지 않지만 속으로 문제가 있는 경우도 있습니다. 부모가 먹고 살기에 바빠서 당신을 돌볼 시간이나 여력이 없었을 수도 있고, 당신에게 관심이 부족했거나 신체적·정서적으로 흥미를 자극하고 경험할 기회가 충분하지 못했을 수도 있으며, 직장 일에 너무 몰두했거나 부부 갈등으로 우울증이 있었다면 당신에게 신체적·정서적으로 도움이 되지 못했을 수도 있습니다. 또는 당신이 부모의 기대에 부응했을 때만 인정을 받았다고 느끼면서 성장했을 수도 있고, 부모가 원하는 대로 옷을 입었을 때나 부모가 원하는 진로를 따랐을 때, 착한 행동, 좋은 성적을 받았을 때만 칭찬받았다고 느꼈을지도 모릅니다. 인정받지 못했다는 느낌이나 사랑받지 못했다는 감정은 마음에 깊은 상처를 남겨 성장 후 대인관계를 어렵게 할 수 있습니다. 이런 어린 시절의 상처는 유전자 코드가 읽히는 방식을 변화시켜 스트레스에 대한 반응에 영향을 주게 되고, 당신이 받는 어떠한 스트레스에도 더 예민하게 반응하게 만듭니다.

승연

승연은 중국에서 어린 시절을 보냈습니다. 부모는 승연이 4세 때 헤어졌으며, 어머니는 재혼해서 새아버지와 함께 공장을 운영했습니다. 새아버지는 알코올중독이었으며 술에 취하면 승연과 두 여동생을 때렸습니다. 어머니와 새아버지는 거의 매일 싸웠으며, 그때마다 새아버지가 어머니를 때렸습니다.

"어머니와 새아버지가 싸울 때면 우리는 무서웠어요. 새아버지가 어머니를 죽일까 봐 두려웠지요."

그런 분위기 속에서 승연이 살기 위해서 할 수 있는 최선의 방법은 대부분의 시간을 자기만의 공간에서 혼자 지내는 것이었습니다. 공장에 종업원이 몇 명 있었는데 그중 한 명이 승연에게 수차례 강제로 성관계를 했습니다. 그리고 부모에게 그 사실을 얘기하면 죽여 버리겠다고 위협했습니다. 승연이 12세가 되었을 때 어머니는 새아버지와 헤어졌고, 승연이는 친아버지와 살도록 한국으로 보내졌습니다.

"처음에는 아버지와 살고 싶었지요. 사실, 어머니, 새아버지와 살고 있을 때도 친아버지가 와서 나를 구출할 것이라는 상상을 자주 했어요. 그러나 막상 친아버지와 같이 살게 되자마자 우리 부녀관계는 매우 힘들었어요. 아버지는 매우 엄격해서 학교에 다니는 동시에 일도 시키려 하였습니다. 아버지는 내가 입고 싶은 옷이나 어울리는 친구들을 못마땅해했습니다. 또 내가 열심히 공부하지 않는다고 생각하셨어요. 아버지는 나와 잘 지내보려고 나름대로 최선을 다했다고 생각하지만, 나는 아버지를 그다지 신뢰할 수 없었고 사춘기가 되자 매우 반항적이 되었어요."

어린 시절의 부정적인 경험은 종종 자존감 저하, 우울증, 분노, 반항적인 행동, 타인과 신뢰감 형성에의 어려움 등을 초래합니다. 대인관계에서 '주고받는' 대등한 관계를 맺지 못하고 다른 사람을 이상적으로 미화하고 존경하거나, 또는 상대에 대해 전적으로 부정적인 태도를 취하게 되는 식으로 양극단의 대인관계를 맺는 자신을 발견하게 될 것입니다. 이로 인해 외로움이나 우울한 감정이 생기게 되거나, 마음에서 원하는 바를 무시하게 됩니다.

당신의 어린 시절에 다음의 경험들이 있었습니까?

- 부모가 없거나 또는 부모가 당신을 돌보지 않고 다른 것에 빠져 있어서 당신 혼자서 지내야 하는 시간이 많았습니까? 그로 인해 미처 어른이 되기도 전에 어른의 역할을 떠맡아야 했습니까? 가족 내 다른 사람을 돌봐야만 했나요?
- 당신이나 다른 사람에 대한 폭력이 일어나는 가정 분위기 때문에 두려웠습니까? 이런 경험이 있다면 당신은 짓밟힌 느낌 또는 반항적인 느낌을 가지게 되었을 수 있습니다.
- 당신은 어린 시절 외모, 행동 또는 성과에 있어 어떤 기준에 도달했을 때에만 부모로부터 인정받고 사랑받았다고 느꼈습니까?
- 당신은 부모가 완벽한 사람이었다고 느꼈습니까? 부모와 당신이 매우 가까운 친구 같은 관계였습니까? 부모와 지나치게 밀착되어 있었다면 당신은 새로운 사람을 만나 관계를 만들어 가는 것을 어렵게 느낄 수 있습니다.
- 다른 사람들이 당신을 부러워했습니까? 다른 사람들보다 더 좋은 기회(예: 교육)를 많이 가졌습니까? 집에서 능력을 인정받는 아이였습니까? 이런 경우 자신이 운이 좋았다는 것을 인정하지 않고 자만하다가 찾아온 기회를 망칠 수 있습니다.
- 어린 시절 신체적, 정서적 욕구가 묵살되거나 거절당했다고 생각합니까? 종종 부모의 화풀이 대상이 되곤 했습니까?

어린 시절의 양육환경을 좀 더 자세하게 살펴보는 것은 도움이 됩니다. 그렇지만 이런 회상이 심적인 고통을 동반할 수도 있다는 것을 유념하세요. 이 과정이 치유의 과정이 되기 위해서는 당신이 더 넓은 시야를 가지도록 돕고, 또 어린 시절의 아픔을 성숙한 기억과 경험으로 승화시키도록 돕는 믿을 만하고 연민이 많은 회복 도우미가 필요합니다.

- 가계도를 그려 보세요.
- 어렸을 때 가족의 생활 중 어떤 것이 기억납니까? 기억나는 것들을 몇 가지 써 보세요. 예를 들면, 다음과 같은 사항에 가족이 어떻게 대했습니까?
    - 친척
    - 식사시간/기념일
    - 학교/친구
    - 종교/권위적 인물
    - 돈/재능
    - 병/사망
- 생각나는 기억이 있나요? 성인이 된 지금의 관점에서 어린 시절 당신 주변 사람들의 반응을 좀 더 넓게, 그리고 이해하는 방향으로 볼 수 있나요? 어린 시절에 당시를 어떻게 이해하고 있었는지 그때의 당신으로 돌아가 봅시다. 그 당시가 이해가 됩니까? 감정, 자신, 타인, 대인관계에 대해서 무언가 배웠나요? 당신의 회고록을 써 보세요. 쓴 것을 당신이 선택한 회복 도우미에게 보여 주세요.

성적 학대

●

어린 시절의 성적 학대는 수치심, 낙인, 비밀, 금기시되는 분위기 때문에 혼자서 이겨 내기에는 아주 어려운 심리적 상처입니다.

성적 학대란?

어린이 성적 학대는 아이보다 나이가 많은 사람이나 성인이 어린이를 성적으로 접촉하거나 대할 때 일어납니다. 여기에는 다양한 행위가 포함되며 가해자는 주로 힘, 권위 또는 우월한 위치를 이용하여 어린이를 성적인 행위로 유혹하거나 강요하는 걸 말합니다.

내가 성적으로 학대받았는지를 어떻게 알 수 있나요?

다음에 몇 가지 예가 있습니다.

- 껴안거나 입맞춤을 당했을 때 불쾌하게 느꼈다.
- 몸을 씻겨 주는 동안에 뭔가 편치 않게 느꼈다.
- 성행위를 보여 주거나 다른 사람의 성기를 보여 준다.
- 포르노 영화나 비디오를 보여 주거나 성적인 대화를 듣게 한다.
- 성적으로 자극적인 사진을 찍게 자세를 취하게 한다.
- 당신의 젖가슴이나 성기를 만진다.
- 다른 사람의 성기를 만지게 한다.
- 구강 성교를 하게 한다.
- 성기, 손가락, 다른 물건들을 성기나 항문 속으로 삽입한다.
- 강제로 성관계를 한다.

여기에 언급되지 않은 애매한 방법으로도 성적 학대를 당할 수 있습니다.

누구의 잘못인가?

어려서의 성적 학대는 신체적 그리고 정신적으로 심각한 상처를 주기 때문에 매우 잘못된 행동입니다. 성적 학대의 경험은 혼란, 공포, 분노, 수치감, 자기비하감을 들게 하고, 피해자의 자존감을 바닥까지 떨어뜨릴 수 있습니다. 적절한 도움을 받지 못할 경우 피해자는 성인이 되어서도 심각한 문제를 갖게 될 가능성이 아주 높습니다.

모든 사람은 자신의 몸에서 일어나는 일을 스스로 결정할 권리가 있기 때문에 어린 시절 성적 학대는 분명 잘못된 것입니다. 어른들은 그 같은 어린이의 권리를 보호해야만 합니다. 그러므로 신체적 강압이나 심리적 위협이 되는 상황 또는 "아니요"라고 말할 수 없다고 느껴지는 상황은 성폭행이라 할 수 있습니다. 여러 이유로 어린이는 어른에게 "아니요"라고 말할 수 없으며, 어른의 행동을 중지시킬 힘을 갖지 못합니다. 어린아이들은 무슨 일이 일어나고 있는지도 모를 수 있습니다. 이런 상황이 되면 어른은 범죄를 저지르는 것입니다. 성인 여성의 약 10%, 섭식장애가 있는 여성의 약 30~40%가 어린 시절에 성적 학대 경험이 있거나 청소년기, 성인기에 성폭행을 당했던 경험이 있습니다. 성적 학대는 단회성인 경우부터 수년간 반복적으로 되풀이되는 것까지 다양합니다. 어느 형태건 성적 학대에서 가해자는 피해자와의 관계에 자신의 힘을 이용합니다. 가해자가 가족이거나 가족이 잘 아는 사람인 경우도 종종 있습니다.

성적 학대를 바르게 이해하기

●

대개 성적 학대의 희생자들은 자신에게 책임이 있으며, 자신이 그런 일이 생기도록 허용했거나 어느 정도 유발했다고 느낍니다. 가해자는 피해자가 침묵하도록 신체적 강압이나 심리적 위협을 가하는 경우가 많고, 당신이 잘못했거나 먼저 유혹한 것처럼 느끼게 하여 당신을 혼란스럽게 만듭니다. 설사 피해자가 성적 학대를 받은 것을 이야기하더라도 다른 사람들이 그 사실을 믿으려 하지 않거나 가족들이 없었던 일로 쉬쉬해버리게 되는 경우가 종종 있습니다. 많은 경우에 가해자는 가족 내에서나 근처에서 계속 살게 됩니다.

하연

하연은 어릴 때부터 작은 아버지에게 수년간 성적으로 학대받았습니다. 어릴 때 여름방학을 보내러 종종 작은 아버지네 집에 갔었을 때의 일입니다.

"숙모가 쇼핑하러 나갔을 때 작은아버지는 책을 읽어 주겠다고 하셨어요. 무릎에 저를 앉히고는 내 성기와 가슴을 만졌어요. 저는 작은아버지의 성기가 커지는 것을 느낄 수 있었고 무언가 잘못되어 가고 있다고 느꼈지만 그만두게 할 수 없었어요. 그때는 부모님께도 말할 수 없었어요."

열여섯 살 때가 되어서야 그녀는 이 일을 부모님에게 말할 수 있는 용기를 냈습니다.

"어머니는 저를 이해해 주고 가슴 아파하셨지만 아버지는 저를 믿지 못하신다는 생각이 들었어요. 아버지는 제가 오해하는 게 아니냐고 책망하면서 오히려 제게 화를 냈어요. 우리 가족 내에서 이런 일이 일어난 것에 대해서 매우 충격을 받으신 듯 보였어요. 저는 지금까지도 작은아버지 집에 가지를 않아요. 부모님은 이런 문제들이 드러나는 것을 원치 않기 때문에 지금도 작은아버지를 만나요. 그가 다른 아이에게도 똑같은 짓을 할 것 같아서 매우 두려워요."

많은 성적 학대 피해자들은 한 인간으로서의 자기 자신의 가치가 완전히 바뀌었으며 영혼에 구멍이 난 것 같은 결코 회복할 수 없는 상처를 입었다고 느낍니다. 환자들 중 한 명은 10대에 사촌오빠로부터 반복적으로 성적 학대를 당했는데, 그녀는 '내 안에 어떤 독버섯이 자라고 있는 느낌'이라고 이야기했습니다.

- 어린 시절 성적 학대를 당했다면 이제 와서 다른 사람에게 이에 대해 이야기하는 것이 너무 어려울 수 있습니다. 또는 늦었지만 지금이라도 무언가를 해야겠다는 마음을 먹을 수도 있습니다.
- 우선 다른 사람의 경험담에 대한 책을 읽는 것이 도움이 될 것입니다. 그러면 외롭다거나 수치스럽고 자신이 다른 사람들과 전혀 다르다는 느낌이 줄어들 겁니다.

이 책 말미에 도움이 되는 자료가 있으니 구입하거나 빌려서 읽어 보기를 권합니다.

- 익명으로리도 다른 사람에게 이야기하길 원할 경우 성폭력 상담전화나 여성의 전화를 이용해 보세요.
- 다른 사람에게 이런 끔찍한 일이 일어난 것처럼 당신의 이야기를 법정진술서 형식으로 써 보세요. 당신의 변호인이 뭐라고 할지도 써 보세요. 여기에 검사나 변호사의 질문 방식이 있습니다.
  - 어떻게 학대가 시작되었습니까?
  - 가해자가 당신에게 사실을 발설치 못하도록 했습니까?
  - 성폭행의 기간이 얼마나 되었습니까?
  - 성폭행 사건과 관련해서 당신에게 가장 안 좋은 기억은 무엇입니까?
  - 가해자가 무슨 짓을 했습니까?
- 피고, 즉 가해자 측 변호사가 할 예상 질문도 써 보세요.
- 마지막으로 이 재판을 판단하는 판사나 배심원이라면 어떻게 판단할지에 대한 판결을 써 보세요.
- 당신이 쓴 이야기를 다른 사람에게 보여 줄 수 있겠습니까? 그 이야기를 읽는 사람은 이 사건의 내용을 보완하고 판사나 배심원의 판결에 의견을 덧붙이고 판결이 잘 되었는지 알게끔 도와줄 것입니다. 만약 피해자가 당신의 딸이라면 당신의 논쟁이 달라질까요?

과거 당신에게 벌어졌던 일을 이해하고자 하는 노력은 앞으로 오랫동안 당신을 혼란에 빠뜨릴 겁니다. 다음 질문에 답해 보세요.

- 성적 학대가 일어난 것에 대해서 스스로를 탓하십니까? 당신 외에 비난받아야 할 다른 사람은 없나요?
- 당신 자신에게 말 못할 두려움이 있습니까? 또는 다른 사람에 대한 두려움입니까?
- 화가 나 있다면 무엇에 대해서입니까? 또는 누구에 대해서입니까?
- 두려워하고 있다면 무엇에 대해서입니까?

- 가해자에 대해서 일부 좋은 기억이나 감정이 있다면 특히 혼란스러울 것입니다. 설사 좋은 감정이 남아 있더라도 그에게 나쁜 감정을 느끼는 것이 당신이 나쁜 사람이라는 것을 의미하지는 않습니다. 아이들은 원래 사물이나 사람을 좋게 보는 경향이 있습니다. 좋은 기억이 무엇인가요? 간직하고 싶은 추억이 있습니까?
- 많은 피해자들은 부모에 대해서도 상반된 감정이 있습니다. 부모에 대한 좋은 감정과 나쁜 감정은 무엇입니까?
- 좋은 감정과 나쁜 감정의 강도가 각각 어느 정도인지 1에서 10까지 중에 체크해 보세요.
- 당신과 가족의 그림을 그려 보세요. 어떻게 그렸는지를 보고 당신의 그림이 어떤 감정을 불러일으키는지를 살펴보세요.
- 일기에 당신의 감정을 적고 2장에 개괄된 것처럼 선행요인-행동-결과에 대한 분석 작업을 하세요.

분노할 권리

분노는 학대에 대한 자연스러운 반응입니다. 그러나 화를 내면 다른 사람에게 미움을 받는다고 알고 있거나, 또는 분노를 느끼거나 화를 표현해서는 안 된다고 교육받아 왔을 수 있습니다. 분노 상태에서 저지르게 될 난폭한 행동들이 떠오르면서 화는 억누르는 것이 필요하다고 생각할지 모릅니다.

종종 가해자는 피해자가 느끼는 분노를 스스로 억누르게 하거나, 피해자 자신에 대한 분노로 방향을 바꾸게 합니다. 그 결과, 나쁜 사람은 가해자가 아니라 피해자 자신이라고 느끼거나 분노를 삭히기 위해서 자해, 단/절식, 폭식으로 자기 자신에게 화를 퍼붓게 만듭니다. 어린 시절 학대로 인한 상처와 고통의 무거운 짐을 마음속에 계속 담아 두는 것이 옳습니까?

분노 감정 표현하기

분노를 인지하는 것과 그것을 다루는 법, 그리고 이 일이 당신의 욕구, 가치, 인생계획의 관점에서 스스로에게 가진 의미를 이해하는 것이 당신이 해야만 할 숙제입니다.

우선 이를 위해서 감정이 너무 뜨거우면 머리는 냉정 모드에서 자동 반응 모드로 전환이 되기 때문에 마음에 집중하는 기술을 익힐 필요가 있습니다. 냉정 모드에 있어야만 바르게 이해하고 통찰할 수 있습니다. 그러므로 오로지 분노에만 집중할 수 있는 능력이 필요하며, 관심을 그때의 분노로 전환시키면서도 자기 자신을 차분한 상태로 둘 수 있어야 합니다.

분노는 종종 슬픔과 연계되어 있는지라 이를 즐겁고 충만한 마음가짐으로 전환할 수 있는 능력이 필요합니다. 이는 살아가는 데 중요한 기술인데, 배우려면 시간과 노력, 연습, 인내가 필요합니다. 이런 기술을 익히는 데는 명상, 요가와 같은 여러 방법이 있습니다. 당신의 집 근처에도 이를 가르쳐 주는 여러 기관이 많이 있을 겁니다.

호흡에 집중하면서 마음을 차분하게 하여 15분 정도 명상을 시작합니다. 그런 다음 분노와 관련된 상황으로 관심을 전환합니다. 몸과 감각을 느껴 봅니다. 충분히 시간을 가진 후 다음의 질문에 답하세요.

- 누구에게 화가 나 있습니까? 가해자? 부모? 세상? 자기 자신?
- 단지 성가실 뿐입니까? 아니면 치가 떨릴 정도의 격한 감정입니까?

- 보통 당신이 화가 났을 때 어떻게 하는지 생각해 보십시오.
  - 악을 쓰고 소리를 지르나요?
  - 남을 놀리거나 비난하나요?
  - 때리거나 막말을 합니까?
  - 물건을 부수나요?
  - 자해하나요?
  - 다른 사람에게 화를 퍼붓나요?
  - 참고 억누르거나 무시하려 노력하나요?
  - 화난 감정을 남들에게 이야기합니까?
  - 화나게 만든 것을 바꾸기 위해 뭔가를 합니까?
  - 그냥 가만히 수동적으로 있습니까?
  - 과거엔 분노를 표현하기 위해 어떻게 했습니까?
  - 당신이 화가 나 있다는 것을 보이기 위해 어떻게 하고 싶습니까?
  - 당신이 화가 나 있는 것을 보여 주기 위해 하고 싶은 행동들을 혼자서 생각만으로 반복하는 편인가요?

다음은 학대로 인한 분노 감정을 밖으로 표현하는 데 도움을 주는 방법들입니다. 처음에는 망설여지겠지만 반복하다 보면 상당히 효과가 있습니다.

- 당신이 잘 아는 아이가 똑같은 방법으로 학대를 당했다고 상상해 보세요.
- 다른 피해자의 이야기에 대한 글을 읽어 보세요. 아마 분노가 치미는 것을 느낄 수 있을 것입니다.

- 남들이 보지 않는 조용한 곳으로 가서 화난 표정과 자세를 취하세요. 화난 얼굴로 소리 지르고 욕을 하고 비명을 질러 보세요. 함께 해 줄 회복 도우미가 있다면 더 좋습니다.
- 회복 도우미를 앞에 앉게 하고 당신을 향해서 손바닥을 펴고 손을 뻗게 하세요. 당신도 같은 자세를 취하고 서로 세게 미세요. 회복 도우미를 뒤로 세게 밀어서 화나게 하세요.
- 쿠션을 때리세요. 테니스 라켓으로 침대를 내리치세요. 신문지를 말아서 사용하는 것도 좋으며 퍽퍽 큰 소리가 나게 하는 것도 화가 풀리는 데 도움이 됩니다.
- 회복 도우미와 함께 화나게 하는 상황을 실연해 보세요.

이와 같이 하는 데는 지켜야 할 게 있습니다. 다른 사람이나 당신 자신을 다치게는 하지 마세요.

- 당신의 베개나 인형을 보면서 왜 당신이 화가 나 있는지를 설명하세요. 분노를 표현하게 되면 때로는 외로움, 슬픔, 비통함 같은 다른 종류의 감정을 강하게 느낄 수 있게 됩니다. 당신이 하려고 하는 것을 이해해 주고 당신을 위로해 줄 수 있는 회복 도우미가 옆에 있다면 좋을 것입니다.

여기에 당신의 분노를 직접 표현하는 몇 가지 예가 있습니다.

- 가해자를 그리세요. 그림에 대고 당신이 하고 싶은 말을 하세요. 그리고 조각조각 찢어 버리거나 벽에 붙여 놓고 그림을 향해 물건을 던지세요.
- 진흙이나 찰흙으로 가해자의 모형을 만드세요. 거기에 핀을 꽂고 으깨고 조각조각 부숴 버리세요.
- '빈 의자'를 보고 가해자가 앉아 있다고 상상하세요. 가해자에게 화난 것을 이야기하세요. 당신이 이렇게 하는 것이 어렵다면, 당신의 회복 도우미가 대신 얘기하게 하세요.
- 당신을 대신해서 화를 내는 회복 도우미의 말에 귀를 기울이세요.
- 성적 학대가 당신에게 어떻게 영향을 끼쳤는지 목록을 만드세요. 분노가 치밀 만한 내용을 반드시 발견하게 될 것입니다.
- 당신의 가해자가 현재 주위에 있지 않거나 이미 죽었다 할지라도 그에게 편지를 써 보세요. 설사 보낼 수 없더라도 이것은 당신을 위한 것입니다. 편지에 당신의 감정을 모두 쓰세요. 감추거나 주저하지 마세요. 당신이 알고 있는 아주 나쁜 호칭으로 가해자를 불러 보세요. 당신이 얼마나 그리고 어떻게 상처받았는지 써 보세요.
- 녹음기에 편지를 읽어 녹음하세요.
- 당신의 편지를 다시 읽거나 녹음된 내용을 다시 들어 보세요. 안전하다고 생각하는 장소에 넣어 보관하기 전에 추가하고 싶은 내용이 있으면 추가하세요.
- 또는 편지를 꺼내서 할 수 있는 한 제일 작게 조각조각 찢어 버리세요.

때때로 이야기를 시작하면 자제력을 잃을 것 같이 심한 분노를 느낄 수 있습니다. 몸을 움직여 보세요. 걷기, 조깅, 반려견과 산책하기, 에어로빅, 점프 등을 해 보세요.

어떤 때는 당신을 괴롭혔던 사람에게 복수하고 싶은 강한 충동을 느낄지도 모릅니다. 심지어는 살인까지도 저지르고 싶은 생각이 들 수 있습니다. 복수를 하고 싶은 마음은 자연스러운 충동이고 정상적인 반응입니다. 물론 실제로 행할 순 없으니 대신 마음속에서 복수하세요. 이것이 분노를 당신의 밖으로 몰아내는 한 방법입니다.

어떤 사람에 대해 분노하는 것이 그에 대해 가졌던 좋은 감정을 지워 버리지 않는다는 것을 기억하세요. 당신은 화를 낼 권리가 있습니다. 분노는 표현하는 것이 건강한 것입니다.

죄책감과 자기비난에 대처하기

●

성적 학대의 많은 피해자들은 그런 일이 일어난 것에 대해 자신이 비난받아 마땅하다는 생각에 괴로워합니다. 마음속의 일부가 그것을 즐겼다거나, 자신이 받아들였기 때문에 그런 일이 일어났다고 생각하거나, 자기가 유혹적으로 행동했기 때문에 일이 벌어졌다고 자책하거나, 또는 성적 학대가 일어났다는 것만으로도 어느 정도는 자신에게 책임이 있다고 생각할 수 있습니다.

그러나 아닙니다. 결코 아닙니다. 힘으로건, 지위를 이용해서건 어느 누구도 당신을 성적으로 학대할 권리는 없습니다. 그 일은 결코 당신의 잘못이 아닙니다. 가해자가 전적으로 책임을 져야 할 일입니다. 성적 학대가 일어난 것은 당신의 어떤 행동이나 말로 인한 것이 결코 아닙니다. 마찬가지로 그 사실을 털어놓은 후에 가족이나 가해자에게 일어나는 어떠한 일에 대해서 당신은 책임이 없습니다.

다음과 같은 것을 생각하면서 자책하십니까?

- 성적 학대가 '일어나게 한 빌미'가 나에게 있다?
- 나는 그런 일을 당해 마땅한 사람이다?
- 특별한 관심으로 여겼거나 학대 후 주어지는 보상을 즐겼다. 또는 돈을 받았다?
- 가해자로부터 일종의 이득을 얻기 위한 수단으로 성적 학대를 비밀로 했다?
- 성적으로 육체적인 쾌락을 경험했다?
- 내가 말하지 않았다?
- 성적 학대를 중단시키기 위한 행동을 충분히 하지 않았다?
- 형제자매가 학대당하는 것을 충분히 막지 못했다?
- 발설해서 가족에게 괴로움을 주었다?
- 가족 간에 의를 상하게 한 것에 책임이 있다?
- 내가 가해자를 벌받게 하였다?
- 파괴적이거나 자학적인 방법으로 행동해 왔다?

당신이 작성한 목록이 성적 학대를 당한 다른 사람이 쓴 것이고 당신은 그 사람의 친한 친구라고 가정해 보십시오. 당신은 그에게 뭐라고 말하겠습니까?

종종 성적 학대는 무슨 일이 일어나는지도 모를 정도의 어린 나이에 시작됩니다. 무언가 옳지 않은 일이라 생각했다 할지라도 당시에는 거부하거나 말할 수 없다고 느꼈을 수 있습니다. 그것이 분명 잘못되었다는 걸 알게 될 때는 세월이 한참 지나서이기 때문입니다.

어린이들은 어른을 신뢰해야만 힌다고 배워 왔고 어른들의 행동이 항상 옳을 것이라고 생각하고 또 어른들의 애정과 관심이 필요하기 때문에 이런 바람직하지 않은 관계가 거부감 없이 생길 수 있다는 것을 기억하세요. 성적 반응은 본능적인 것이며 어린 나이에도 발달될 수 있습니다.

성적 학대 후의 영향

●

사람마다 다르게 영향을 받습니다. 성적 학대 후의 영향은 무엇이 일어났는가에 달려 있는 게 아니라 피해 후 어떤 도움과 지지를 받았느냐에 달려 있습니다. 종종 학대는 성인기까지 지속적으로 어려움을 일으키고 대인관계에도 심각한 지장을 줍니다. 당신의 피해 경험이 어떻게 당신에게 영향을 주었는지 알게 되면 당신은 상처를 극복할 수 있습니다.

기억하세요. 모든 희생자는 생존자가 될 수 있습니다.

신뢰감 회복하기

●

어떤 종류의 학대건 학대를 당한 후에는 사람을 믿을 수 없다고 각인 됩니다. 당신이 사람을 신뢰할 수 없을 때 앞으로의 대인관계에서의 악순환이 시작됩니다. 사람에 대한 믿음이 약할수록 친구가 줄어들 것이고, 그러면 더 고립될 것입니다. 사람들이 믿을 만하다는 것을 배울 기회를 다시 갖지 못한다면, 더 외로워지고, 조그만 일에도 상처받기 쉽고, 자신에 대해 더 방어적이 됩니다.

사람에 대한 신뢰 없이 인생을 사는 것은 대단히 외롭습니다. 그러므로 다른 사람을 믿어 보려는 용기가 생겼을 때 천천히 시작해 봅시다. 좌절할 수도 있지만 포기하지는 마세요. 거기서 얻게 되는 이득은 아주 크답니다. 사랑은 상처받을 수 있는 위험이 있지만, 우정 없는 삶은 더 이상 삶이 아니라는 것을 인식한 생텍쥐페리의 『어린 왕자』를 읽어 보면 도움이 될 겁니다. 신뢰가 생기는 데는 시간이 걸리기 때문에 끈기를 가지시길 바랍니다. 결국 당신은 신뢰의 구성요소(정직, 수용, 존경)를 경험할 것입니다. 당신의 인생에는 오직 한 남자만이 있다거나 '멋진 왕자'가 나타나 당신을 구원할 것이라는 것을 암시하는 낭만적인 소설들은 경계하세요(현실에서 그는 당신을 함부로 대하고 군림하려는 야수로 둔갑할 수도 있습니다).

어린 시절에 상대를 돌보고 싶은 마음과 내가 의지하고 싶은 마음 사이의 균형을 경험하지 못했다면 커서도 이 둘 간의 균형을 잘 유지하는 것이 어려울 수 있습니다. 이성과 사귀기 전에 우선 동성 친구들과의 우정을 좀 더 오랜 시간 경험할 필요가 있습니다. 또다시 가해자-피해자의 관계로 들어가는 위험을 감수하기보다는 자신의 마음속에 안전하고 안정감이 충분하다고 느낄 때까지 사전 준비를 좀 더 철저히 하는 것이 좋습니다.

다음 질문들은 건강하고 안전한 대인관계가 준비되었는지를 판단하는 데 도움이 될 것입니다.

- 누군가에게 의지하고 있다면 그의 뜻에 순종해야만 한다고 생각합니까?
- 어떤 사람과 친밀해지면, 결국 상처 입고 끝날 것이라는 두려움이 있습니까? 그래서 외롭지만 내 방식대로 혼자 사는 길을 택하고 싶습니까?
- 남들을 무시하고 경멸하는 감정과 남들이 당신을 비웃고 업신여길 것이라는 생각 사이에 혼란스럽습니까?
- 폭군처럼 내 방식대로 하고 싶은 마음과 어린아이처럼 순종적이고 싶은 마음이 오락가락합니까? 이런 유형의 어느 것에 당신이 해당된다면 가계도를 그려 보십시오.
- 가훈이 무엇입니까? 가족 내 그러한 가훈의 뿌리는 어디에 있습니까?
- 당신을 주인공으로 어린 시절 이야기를 써 보세요. 끝 부분을 어떻게 변화시킬 수 있나요? 등장인물들이 그 사람답지 않게 행동하도록 내용을 바꿀 수 있나요? 당신이 승리를 쟁취하는 것으로 끝맺음을 할 수 있나요? 또는 유머를 추가할 수 있나요? **"옛날에 한 어린아이가 있었는데……"**로 시작하세요. 당신의 이야기를 회복 도우미에게 보여 주세요.

과거를 용서하고 마무리하자

●

　과거가 아무리 고통스럽고, 상처 입고, 잘못됐다고 느낄지라도 과거를 되돌릴 수는 없습니다. 엎질러진 물을 다시 담을 수 없는 것처럼 상처를 없었던 일로 돌릴 순 없습니다. 더 좋은 부모를 만났더라면 하는 소망과는 이제 작별을 고하고 앞으로 남은 삶을 살아야 합니다. 갖지 못한 것에 대한 미련을 버리는 것이 현재 가능한 것을 찾을 수 있도록 해 주고, 주위 사람들이 완벽하진 않더라도 그들과 무언가를 할 수 있는 여지를 갖게 해 줄 것입니다.

　과거와의 화해를 돕고, 또 과거가 현재 대인관계에 어떻게 영향을 주는지를 이해하기 위해 전문가의 상담이 필요할 수도 있습니다. 16장에 상담 기관의 주소가 있습니다.

10장.
폭식 이면의 생각

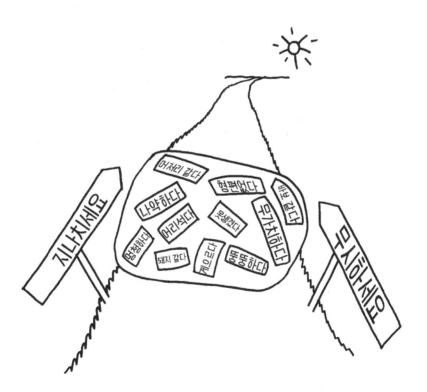

우리 모두는 세상이 어떻게 돌아가고 사람들이 이렇게 행동하는지에 대한 자기 나름대로의 인식(대부분 무의식적이지만)을 갖고 있습니다. 의식적이건 무의식적이건 이런 인식은 어린 시절의 경험에서 만들어집니다(예: 부모가 당신에게 멋있고 훌륭하고 소중한 아이라고 항상 이야기했다면 그런 믿음을 가질 가능성이 큰 반면, 부모로부터 못나고 이기적인 아이라는 말을 자주 들었다면 자신이 그렇다고 생각하면서 성장했을 가능성이 아주 높습니다).

우리는 어린 시절의 경험에서 형성된 자신에 관한 인식에 기초해서 주변에서 일어나는 일들을 이해하려고 하게 됩니다.

"친구들은 있는 그대로의 나를 좋아하기 때문에 내가 실수를 하더라도 나를 계속 좋아할 것이다."

또는,

"내가 완벽하지 않다면 사람들이 나를 좋아하지 않을 것이다."

또는,

"남을 기쁘게 하지 않는다면 그들은 나를 이기적인 사람이라고 생각할 것이다."

한편, 어떤 일의 결과를 예측할 때도 다음과 같은 식으로 생각합니다.

"내게 데이트를 신청했던 그 근사한 남자는 처음 만나서 그렇지 내가 어리석고 형편없다는 것을 알게 된다면 나와 계속 사귀려고 하지 않을 것이다."

한 사람이 가지고 있는 일련의 부정적 사고는 새로운 경험에 의해 지속적으로 수정·보완되지 못하면 문제를 일으킵니다. 커서도 어릴 때 잘

못 형성된 부적절한 생각과 건강하지 못한 극복방법에 얽매여 있게 됩니다. 섭식장애를 앓고 있는 대부분의 사람들은 자신과 세상에 대해 자기패배적인 생각을 아주 많이 하고 있습니다. 이런 생각들은 어린 시절의 좋지 않았던 경험에 뿌리를 두고 있습니다. 어떤 경우는 현재 앓고 있는 섭식장애가 환자 스스로에 대해 더욱더 혐오스럽고 형편없고 어리석고 가치가 없으며 희망이 없다고 느끼게 만듭니다.

부정적이거나 비이성적인 사고가 섭식장애 환자의 생각에서 대부분을 차지하고 섭식장애 증상이 이런 부정적 사고를 더욱 강화시킵니다. 예를 들면, 다음과 같습니다.

"또 폭식을 했다/또 굶고 제대로 먹지를 않았다. 나는 정말 형편없는 사람이다."

또 다른 쓸모 없는 사고들은 일상생활 전반에서 나타납니다. 예를 들면, 다음과 같습니다.

"남자친구가 나를 떠났다. 나는 정말 매력이 없나 보다. 다시는 남자친구가 생기지 않을 것이다."

난 늘 실패야

•

섭식장애 환자는 어린 시절부터 자신이 틀렸다거나 기대에 미치지 못했다는 생각이 주입되면서 성장한 경우가 많습니다.

주영

주영은 커 오면서 줄곧 자신이 형편없다고 생각했으며 십대 때에는 수차례 약물 남용과 자해를 했습니다. 어렸을 때 결코 사랑을 받아 본 적도 없고 보살핌을 받은 적이 없다고 말했습니다. 집 여기저기에 형제자매의 사진이 걸려 있었으나 정작 자신의 것은 없었다고 했습니다. 주영의 기억에는 자신이 매우 못생겼다는 것이 어린 시절 내내 가족의 농담거리였다고 했습니다. 엄마의 친구 자녀 중 주영과 동갑인 여자아이가 있었습니다. 주영은 어려서부터 지금까지 엄마 친구 딸과 부정적으로 비교되어 왔습니다. 주영은 못생기고 통통하게 살이 쪘기 때문에 놀림을 받았습니다. 엄마 친구의 가족과 가깝게 지냈기 때문에 주영은 비교당하는 상황을 피할 수 없었습니다.

당신도 주영의 경우처럼 가족 내에서 심한 차별대우나 놀림을 받았을 수 있습니다(똑똑하지 못하다든지, 예쁘지 않다든지 등). 가족 내에서 미운 오리새끼 취급을 받은 마음의 상처는 오랫동안 지속될 수 있습니다.

재희

아버지는 한국인이고 어머니는 필리핀인입니다. 그녀는 시골에서 성장했습니다.

"학교 다닐 때 매우 힘들었어요. 친구들과 다른 얼굴 때문에 종종 놀림을 받았고, 내가 다르게 생긴 것은 내게 뭔가 문제가 있는 것이라고 생각하면서 컸어요. 지금도 사소한 일이라도 잘못될 때마다 나는 형편없는 사람이라는 생각이 떠나질 않습니다."

재희는 이런 낮은 자존감 때문에 대인관계를 피하게 되었습니다. 자신에게 문제가 있다고 느꼈기 때문에, 다른 사람에게 무슨 말을 해야 할지, 또 어떻게 대해야 할지 몰라 쩔쩔맸습니다. 그 결과, 항상 긴장되고 무뚝뚝하고 무표정해 보여서 사람들에게서 멀어져 대부분 혼자 지내게 되었습니다.

다음 중 당신에게 해당되는 내용이 있습니까?

- 다른 사람과 함께 있을 때 어떤 말을 해야 할지 모르겠다. 그렇기 때문에 어떤 종류건 사교적인 모임은 피한다.
- 자신감이 없다. 다른 사람들이 나를 좋아하지 않을 것이고, 나를 흉보거나 내가 어리석다고 생각할 것이다.
- 내가 말을 하면 사람들이 비웃을까 두렵다.

이런 자기패배적인 생각들이 머릿속을 맴돌면서 당신을 괴롭히고 피곤하게 만들다가, 아주 작은 일이라도 잘못되는 경우에는 더욱 깊이 파고듭니다. 더 나쁜 것은 이런 생각들이 실제로 일을 잘못되게 만든다는 것입니다. 예를 들면, 어떤 사람이 당신을 좋아하지 않는 것 같다고 생각해 봅시다. 그러면 당신은 스스럼없이 그 사람에게 다가가지 못하고 위축되어 방어적으로 행동합니다. 그러면 그 사람도 당신에게 호의적으로 대하지 않을 것입니다. 이렇게 되면 사람들이 당신을 좋아하지 않을 것이라는 당신의 생각에 더 깊이 빠져들게 됩니다. '역시 내가 생각한 대로야'라며 스스로의 짐작이 맞았다고 생각합니다.

자기패배적인 생각은 우울증이나 낮은 자존감에 뿌리를 두고 있으며 섭식장애 증상이나 섭식 문제를 악화시킵니다. 그러므로 자신에게 이런 잘못된 생각이나 믿음이 있는지를 파악하고자 노력하고, 만약 있다면 그러한 잘못된 믿음에 의문을 갖는 것이 아주 중요합니다.

비극적 종말

●

비합리적이고 부정적인 생각은 무력감, 절망감, 틀림없이 불행해질 것 같은 느낌을 갖게 합니다. 이 생각은 세 요소로 구성되어 있습니다. ① 일이 잘못된 것은 내 탓이라는 생각('내가 사람들을 실망시켰어'), ② 앞으로도 똑같은 일이 반복될 거라는 생각('앞으로도 계속 사람들을 실망시킬 거야'), ③ 내가 어디에 있더라도 똑같은 결과가 일어날 것이라는 생각('항상 내 주변 사람들을 실망시킬 거야')입니다.

즉, 실패가 당신의 태생과 성격 때문이고 앞으로 다른 상황에서도 반복될 것이라고 믿는 것입니다. 자신이 일들을 제대로 하지 못할 것이고, 아무것도 변화시킬 수 없고, 또 어느 정도 제대로 한 일도 결국 나쁜 결과로 끝날 것이라 느끼게 만들기 때문에, 이런 식의 생각은 실제로 자신을 아무것도 할 수 없게끔 마비시켜 결국은 우울증에 이르게 됩니다.

삶이 두려운가요

●

　당신은 삶이 악몽처럼 무섭다고 느낍니까? 한 번의 불행 이후에 또다른 재앙이 계속됩니까? 아마도 당신이 정말 운이 없는 사람일 수 있습니다. 문제를 몰고 다니는 것처럼 보이는 사람일 수도 있습니다. 그렇지만 당신에게 일어나는 모든 일이 늘상 잘못되는 것처럼 생각된다면, 실제로 그렇다기보다는 당신이 삶을 대하는 인식과 태도에 문제가 있어서그런 겁니다.

지연

지연은 항상 자신에게만 최악의 일이 벌어진다고 생각했습니다. 어머니는 지연이 어렸을 때 남편이 일찍 죽은 것을 두고두고 슬퍼했고 자신의 인생이 얼마나 불행하고 세상이 불공평한지에 대해 항상 말하곤 했습니다.

"나는 세상일의 부정적인 면만을 주로 이야기하는 엄마의 눈을 통해서 세상을 봐 왔습니다. 살아오는 동안 내 앞에 있는 모든 것은 극복하기 어려운 장애물이었고 나는 그것들에 굴복했었습니다. 어려운 일들이 닥치는 고통 속에서 약간의 묘한 만족감을 얻기도 하였습니다. 제 남편은 아주 정반대입니다. 어려움은 극복할 수 있고 극복되기 위해 존재한다고 생각하는 사람입니다."

섭식장애 환자들은 부정적인 것을 알아채는 비상한 재주가 있습니다. 다정다감하고 친절한 얼굴보다는 화난 표정이나 엄한 얼굴에 더 많이 신경을 씁니다. 세상일들이 최악의 상태로 된다는 편견도 가지고 있습니다. 균형 잡힌 시각을 갖고 기분을 호전시키기 위해서는 뇌가 긍정적인 면을 보도록 훈련시켜야 합니다. 모든 훈련이 그렇듯이 인내심을 가지고 반복해야 합니다.

뇌가 긍정적인 면에 집중하도록 재훈련시키는 긍정심리학에 대한 책과 애플리케이션이 여럿 있습니다.

폭식 스스로 치료하기

APT(Awareness, Planning and Try it) 전략을 가지고 부정적인 습관을 바꾸는 노력을 해 봅시다.

알아차림(Awareness): 부정적인 것과 긍정적인 것 사이의 균형을 알아차립니다. 나중에 친한 친구와 타당한지 여부를 검토하기 위해서 부정적인 결론에 이른 경우를 글로 써 봅니다. 또 긍정적인 일이 일어났을 때도 써 보고 좋은 일은 사진으로 기록해 놓는 것이 더 좋습니다. 다른 사람이 일상의 일을 긍정적으로 보고 있는 것 같다면 그것도 기록해 두세요.

계획(Planning): 계획합니다. 부정적인 습관을 긍정적인 행동으로 차단하는 "만약……, 그때는"이라는 시나리오를 써 보세요. 예를 들면, 친구가 전화한다고 해 놓고 만약 전화를 안 했다면, 그때는

- 내가 먼저 전화할 것이다.
- 다른 친구에게 전화할 것이다.
- 재미있는 비디오를 꺼내 볼 것이다.
- 내가 즐거웠던 순간들이 담긴 사진앨범을 볼 것이다.

당신에게 자동적으로 일어나는 부정적인 생각이나 그에 대처하는 행동 계획을 써서 크게 읽어 보세요. 다른 사람들이 당신에게 도움을 줄 수 있도록 계획을 알려 주세요.

실천(Trying it): 마지막으로 이를 행동에 옮깁니다. 반복해서 시도합니다. 성공하기 위해서는 적어도 열 번의 시도가 필요하고, 습관으로 만들기 위해서는 더 많은 시간을 투자해야 합니다. 그런 다음, 처음으로 다시 돌아가서 검토합니다. 부정적이고 해로운 생각을 깨기 위하여 어떤 것을 배우고 있는지 **알아차리고**, 상황에 따라 계획을 조정할 수 있게끔 하세요.

죄책감의 고통

●

섭식장애 환자들은 매일의 일상에서도 무언가가 잘못되고 있다는 강한 느낌에 사로잡혀 지냅니다. 죄책감은 특히 먹고 난 후에 강해집니다.

"포도 한 송이를 먹은 후에도 큰 죄를 지은 것처럼 극단적인 죄책감과 불편함을 느낍니다. 터무니없는 생각이라는 것을 알면서도 후회와 자책에서 벗어날 수 없습니다."

죄책감은 극복하기 어려운 문제입니다.

- 자, 이제 당신이 법정에 서 있다고 상상해 보세요. 검사가 구형합니다. "피고는 포도 한 송이를 먹었으므로 유죄입니다. (또는 당신이 죄책감을 느끼는 어떤 것도 좋습니다. 크림빵을 먹은 것, 친구에게 항상 잘해 주지 못한 것, 부모님께 자주 인사 드리지 못한 것 등) 그러므로 징역 5년을 구형합니다."
- 실력 있는 변호사라면 어떻게 당신의 혐의를 벗겨 내고 당신에게 유리하도록 판사나 배심원의 마음을 움직일까요? 변호사는 아마 이렇게 말할 것입니다. "피고가 진짜로 잘못한 게 무엇입니까? 이 나라에서 언제부터 포도 한 송이를 먹은 것이 죄가 되었습니까? 저도 오늘 아침 포도 한 송이를 먹었습니다. 이 법정에 포도 한 송이 먹지 않은 사람이 누가 있습니까?"

남을 기쁘게 하기

●

당신은 항상 타인을 기쁘게 해야 한다는 의무감을 느끼고 있을 수 있습니다. 자신이 똑똑하고 매력적일 경우에만 사랑받는다고 생각합니다.

자아수용과 자기애라는 개념은 당신에게 자연스럽고 편안한 개념이 아니므로 자신에 대한 만족감, 안정감, 안전함은 겉으로 보여지는 당신의 모습에만 의존하게 됩니다. 섭식장애는 단단하게 형성되지 못한 자아 상태에서 자라나고, 이러한 자아는 혼돈과 불확실한 상태를 반복되게 합니다.

천사표로 행동하기

민호

민호는 어린 시절부터 소심하고 심성이 착한 아이였습니다. 형들이 옷을 더럽혀 귀가하거나 집안을 어질러 놓으면 엄마가 얼마나 힘들어하실지를 미리 걱정했습니다. 엄마는 화가 나면 아무 말도 하지 않았는데 민호는 그 침묵을 견디기 어려웠습니다. 민호는 엄마를 기쁘게 하려고 무진 애를 썼습니다. 중학교 때 외지로 유학을 가 기숙사 생활을 했었는데 외로움과 향수 탓에 힘들었지만 엄마가 힘들어할 것을 생각하면 참아내야 한다고 생각했습니다. 좋은 성적을 내지 못했을 때 선생님으로부터 질책을 받는 것도 두렵고, 공부밖에 모르는 샌님이라고 친구들로부터 놀림받는 것도 불편하여 어떻게 처신해야 할지 어려웠습니다. 민호는 남을 기쁘게 하는 데 도사가 되었습니다.

민호처럼,

- 다른 사람의 사랑이나 인정을 받지 못할까 봐 두렵거나, 또는 다른
  사람으로부터 비난받고 멸시당할까 봐 두렵습니까?
- 자신이 어떻게 느끼는지에 상관없이 자신의 감정을 억누르고 다른
  사람들을 기쁘게 하고 그들에게 호감을 사기 위해 노력하며 남들

의 시선에 늘 예민합니까?

- 당신은 싫다고 말을 못하나요? 그래서 남들을 실망시키지 않기 위해 자신이 너무 많은 짐을 짊어지거나, 일이 잘못되는 걸 못 견뎌서 자신이 하기 싫은 일을 미루지 못하나요?
- 상대방이 감정을 드러내면 당신의 감정을 억누릅니까?
- 일단 당신의 감정을 드러내면 울거나 화를 내게 될까 염려됩니까?
- 울보나 형편없는 사람으로 보여지거나 우습게 보일까 봐 두렵습니까?

이 중 어떤 질문에라도 "예"라고 대답했다면, 왜 그랬는지를 설명할 수 있는 과거의 경험이 있습니까?

남을 기쁘게 해 주고 싶은 유혹을 느낄 때 중단하고 당신의 행동이 다른 사람에게 어떤 영향을 주는지를 생각해 보세요.

- 당신이 느끼거나 정말로 원하는 것을 상대방에게 말하지 않는다면, 남들은 당신의 마음을 읽어 내고 당신이 원하는 것을 알아맞혀야 할 것입니다. 이런 경우 가끔은 다른 사람들이 당신의 마음을 잘못 읽고 당신이 원하는 것과는 다른 말이나 행동을 하게 됩니다. 그러면 결과적으로 다른 사람들이 당신을 기쁘게 해 줄 수 있는 좋은 기회를 놓치게 하는 겁니다. 남들은 오히려 당신이 거만하고 자신들에게 무관심하다고 느낄지도 모릅니다.
- 다른 사람에게 져 주듯 말하고 행동한다면, 사람들은 당신을 줏대가 없다든지 바보 같다든지 개성이 없다는 식으로 생각할 것입니다. 결국 다른 사람들은 당신을 재미없는 사람이라고 여기게 될 것입니다.
- 항상 남을 즐겁게 하고자 한다면 그러한 당신의 노력이 받아들여지지 않을 때 화가 나고 속상할 것이며, 그런 감정이 드러나지 않도록 무진 애를 써도 소용이 없습니다.

10장. 폭식 이면의 생각

- 속으로는 당신이 옳다는 생각을 하면서 남의 입장에 동조하는 듯 말을 하고 행동하는 것은 다른 사람을 무척 짜증나고 힘들게 하는 겁니다.
- 남을 기쁘게 하려는 의도는 내가 베풀고 도와준다는 의미를 내포할 수도 있지만, 다른 사람이 나에게 베풀고 좋은 일을 할 기회를 빼앗는 이기적인 행동일 수 있습니다.

자기 멋대로 하기

당신은 천사표와 정반대로 다른 사람의 요구를 완전히 무시하는 식으로 행동할 수도 있습니다. "내가 ~해야만 한다면, 나는 ~하지 않을 거야."

섭식장애 환자에게는 종종 이 두 가지 대처 방법이 공존하는데, 주변 사람들에게는 지나치게 헌신적으로 도움을 주면서도 가족에게는 자기 하고 싶은 대로 행동하고 고집을 부릴 수도 있습니다.

- 의무적으로 무엇을 해야만 할 때 갇혀 있다거나 구속받는다고 느끼나요?
- 그런 경우 어떤 기분이 드나요? 분노? 혹은 겁먹은 느낌? 아니면 반항하고 싶나요?
- 이런 태도가 당신의 잠재력을 100% 발휘하지 못하게 하지는 않나요?

민호는 양극단 사이를 왔다 갔다 하는 행동을 보였습니다. 대부분의 시간에는 남이 원하는 것을 했으나 폭식증에 걸리고 나서는 폭식과 구토를 자기 마음대로 할 수 있었습니다.

천사표 벗어나기

이런 양극단의 해로운 적응기제에 대처하려면 당신의 욕구를 충족시키는 것(즉, 자신에게 이로운 일을 하는 것)과 다른 사람의 마음을 기쁘게 하는 것 간의 균형을 유지해야 합니다. 처음에는 당신의 욕구를 파악하고 원하는 것이 무엇인지를 아는 것도 어려울 것입니다. 2장에 설명된 문제 해결 방법을 이용해서 다룰 필요가 있습니다. 대안이 될 만한 행동을 생각한 후에, 당신에게 어떤 것이 최선인지를 알아차리는 데 도움이 될 손익계산서를 작성해 봅니다. 목표를 설정했다면, 새로운 습관이 되게 하기 위해서 APT 전략을 사용합니다. 11장에 있는 자기주장 훈련 기술을 사용할 필요가 있습니다.

> **자신을 강하게 하기 위해서는 다음 말들을 스스로에게 외치세요.**
>
> - 항상 모든 사람을 기쁘게 할 수는 없다.
> - 모든 사람을 사랑할 수도, 모든 사람에게 사랑받을 수도 없다.
> - 나를 위하는 것이 이기적인 것은 아니다.

통제에 대한 집착

●

섭식장애 환자들이 생각하는 방식은 모든 일을 완벽하게 통제하려는 것인데, 이는 마음속 깊은 곳에 혼란에 대한 두려움이 있기 때문입니다. 섭식장애 환자는 선천적, 후천적으로 과잉통제를 하려는 경향이 있습니다. 과잉통제 성향은 다른 사람에게 감정을 표현할 때 나타납니다(진짜 감정을 보여 주지 못함, 또는 가식적인 얼굴로 대함). 이렇게 통제하려는 경향은 당신의 진짜 모습을 감춘다는 걸 의미하고, 남에게 냉담하거나 거만한 것으로 비춰지기도 합니다.

다음의 경우에서 지나친 통제가 얼마나 해로운지를 보도록 합니다.

주희

주희는 친구들과 공동으로 거주하는 집을 완벽하게 정리했습니다. 매일 저녁이면 약 1시간 동안 욕실과 주방을 청소합니다. 주희의 룸메이트들에게 이런 주희의 행동은 집 안을 깨끗하게 청소하고 정리정돈을 잘하는 의미로 받아들여지지 않았습니다. 오히려 자신들의 사생활을 침해하는 것으로 여겨져 불쾌하게 생각했습니다. 친구들은 가능한 한 주희를 피했으며, 주희가 없는 데서는 '가정부 체질'이라며 놀렸습니다. 룸메이트들은 주희를 떠나 다른 곳으로 이사를 나갔습니다. 직장에서도 주희는 자신이 요청한 일들을 동료가 제대로 하고 있는지를 반복적으로 확인했습니다. 때로는 자신의 일 일부를 동료에게 넘기려 하다가도 결정을 번복하고 결국에는 스스로 하곤 했습니다. 직장 동료들은 이런 주희의 일하는 방식을 견디기 어려워했으며, 주희와의 인간관계를 피하고 주희가 사무실에 없을 때면 비웃곤 했습니다. 주희의 강박적인 통제 방식은 직장생활을 넘어 식사와 운동까지도 엄격하게 관리하는 데까지 적용되었습니다.

- 당신도 주희처럼 강박적으로 깨끗이 하거나, 계속 확인하고, 항상 완벽하게 정돈되어 있어야만 편합니까?
- 당신의 기준에 미치지 못했을 경우 어떤 두려운 일이 벌어질지에 대해 구체적으로 상상해 보세요. 앉아서 눈을 감고 그 상황을 마음속으로 그려 보세요. 천천히 상상을 계속해 보세요. 무엇을 해야 하고, 어떻게 대처할 수 있겠습니까? 당신이 보기에 강해 보여서 부러워하는 친구 한 명을 상상하세요. 그 친구라면 어떻게 대처했을까요? 그 친구는 무슨 생각을 하고 무엇을 할까요? 마음 한구석에서 당신을 방해하려는 강박적 집착이 만들어 내는 비난의 소리가 들리나요? 비난의 소리를 향해 무슨 일이 있어도 나는 극복하고 말 것이라고 크게 외치세요. 그리고 대처 방법을 찾거나, 어떤 도

움이 필요한지 목록을 적어 보세요.

완벽주의나 강박적 생각의 함정에서 빠져나오는 데 다음의 말들이 도움이 됩니다.

- 인생은 공평하지 않다. 내가 운명까지 마음대로 할 수는 없다. 인생에서 공평하지 않은 일들을 겪게 마련이다.
- 잘 살기 위해서는 내가 열심히 하면 되지만, 잘되기 위해서는 운도 따라야 한다.
- 약간의 혼란이나 혼돈을 견뎌 내는 것도 살아가는 데 중요한 생존 기술이다.

금욕주의

통제를 하고 싶은 강한 마음이 나타나는 또 다른 영역은 본능적인 욕구를 참는 것입니다. 우리는 자신의 욕구나 원하는 대로 하는 것은 잘못이라고 느낍니다. 우리가 편안함을 추구하면 죄책감을 느끼거나 정신력이 약한 것이라고 생각합니다. 우리가 원하는 것을 얻게 되면 이는 이기적이거나 유치한 욕심이라고 괴로워합니다.

내 손아귀에 있어야……

자신이 통제에 대한 집착이 심하다고 느낀다면 **APT** 전략을 사용해 봅시다.

알아차림(Awareness)

통제하고 싶은 마음이 올라올 때를 알아차립니다. 유발요인이 있나요? 언제, 어떻게, 무엇이 일어났는지를 좀 더 구체적으로 알아봅니다. 종이에 쓰거나 핸드폰에 녹음을 하거나 일기에 써 봅니다. 통제의 결과는 어땠나요? 자신에게는? 남에게는? 대인관계에는?

계획(Plan)

당신이 통제해 온 것 중 쉬운 것부터 통제를 풀기 위한 단계적인 계획을 세워 보세요. 여기에는 다이어트 규칙을 약간 느슨하게 하는 것이 포함될 수 있고, 설거지를 10분간 미루는 것처럼 집안일을 미루는 것도 있습니다. 하루 일과에서 자발적으로 계획 없이 행동하는 '만약～ 그때는' 계획을 짜 보세요.

- 만약 직장동료가 일과 후 한잔하자고 제안하면, 그 자리에서 "그래."라고 답할 것이다.
- 만약 늦잠을 자서 아침에 좀 늦게 일어났다면, 집안일을 미루어 놓고 산책하러 나갈 것이다.

통제하려는 욕구를 무시하려고 노력할 때 밀려오는 불안감과 죄책감 같은 장애물에 대해서 생각해 봅시다. 이런 장애물을 어떻게 다루어야 하는지 계획을 짜 봅시다.

- 나에게 불안감이 엄습해 온다면 이게 얼마나 지속되는지 추적해 볼 것이다.
- 밖으로 나가 걸으면서 천천히 심호흡을 연습할 것이다.

이런 계획들이 습관이 되도록 하기 위해서 써 보고 말하고 연습합니다.

실천(Try it)

계획을 실행했다면 **"내가 무엇을 배웠지?"** 를 자문해 보세요. 뇌는 새로운 일이나 뜻밖의 일들로부터 학습하게 됩니다. 반복해서 시도하세요. 작은 시도가 성공적으로 끝났다면, 좀 더 어려운 일에 도전할 수 있는 자신감이 생길 것입니다. 매일매일의 생활에서 조금씩이라도 당신의 과도한 통제 기준에 대한 도전을 계속해야 합니다.

새로 습득한 융통성을 연습하기 위해서 처음 단계 알아차림으로 돌아갑니다.

희주

희주는 화교 출신 사업가의 막내딸입니다. 아버지는 성공한 사업가이며 부모님은 사업상 바빠서 거의 매일 집에 늦게 들어오셨습니다. 희주는 학교 과제로 도움을 청하거나 학교생활에 대해 수다를 떠는 것이 부모님께 부담을 드린다고 생각했습니다. 부모님이 너무 바빠서 자신에게 관심을 가질 수 없다고 생각했습니다. 그래서 자신의 일들은 혼자서 해결해야만 했습니다. 학교에서는 다른 애들과 조금 다른 외모 때문에 외톨이라고 느꼈습니다. 물질적인 면에선 부족한 게 전혀 없었습니다. 열다섯 살 이후로 부모님은 사업 때문에 1년 중 5개월은 중국에서 지내셨습니다. 희주는 서울에 있는 집에서 언니, 가정부와 함께 지냈습니다. 언니는 한 살 많았지만 경도 지적장애가 있어서 희주가 언니를 많이 돌보아야 했습니다. 그러다가 희주는 섭식장애와 우울증 때문에 병원에 오게 됐습니다.

- 당신의 부모도 희주의 경우처럼 물질적으로 충분히 지원해 주었지만, 정서적인 면에서 소홀히 하고 당신에게 시간, 사랑, 관심을 충분히 주지 못했을 수 있습니다.
- 희주의 경우처럼 부모가 당신을 어른처럼 취급할 때, 당신은 정확히 표현할 수는 없지만 뭔가 불만을 갖게 됩니다. 그러면서도 정을 그리워하는 자신이 유치하다고 생각합니다. 하지만 정서적 지지가 배제된 물질적인 풍요는 상처로 경험될 수도 있습니다.
- 당신의 부모는 희주의 경우와는 반대로, 자녀를 강하게 단련시키기 위해 물질적으로 근검절약을 지나치게 강조했는지도 모릅니다. 근검절약을 강조하는 아버지가 키우는 강아지를 위해서는 많은 돈을 쓰는 것을 볼 때, 당신은 분노를 느끼지만 그러한 감정을 설명할 수도, 받아들이기도 힘들 겁니다.
- 정서적인 빈곤은 다른 종류의 위안을 찾게 해서 폭식, 약물 남용, 과소비, 성적 탐닉에 빠질 위험이 큽니다. 당신이 위로나 보살핌을 원하는 갈망 아래에 깔린 정서적 빈곤을 이해하지 못하면 그러한 행동을 탐욕이라고 생각할 겁니다.

최고에 대한 집착

당신은 모든 일에 최고여야 하고 무슨 일이든 잘 처리하는 슈퍼우먼의 욕구를 가질 수 있습니다. 강박적인 완벽주의자는 자신의 욕구나 목표의 적절성에 대한 성찰 없이, 무조건 더 크고 더 나은 것을 추구합니다. 물론 최선을 다하려고 하는 것은 나쁜 게 아니며 인생을 살아가는 데 여러 면에서 도움을 줄 것입니다. 그렇지만 섭식장애가 있는 사람은 종종 자신과 세상에 대해 비현실적으로 높은 기대를 합니다. 단순히 최선을 다하려고 하는 게 아니라 항상 최고의 위치에 있어야만 하고 모든 것이 흠잡을 데 없이 완벽해야 합니다. 이것은 외모, 일, 대인관계에도 마찬가지입니다.

당신에게 다음의 질문을 해 보세요.

- 왜 그런 성공이 필요합니까?
- 왜 당신이 항상 다른 사람보다 앞서야 하고 뛰어나야 합니까?
- 왜 그렇게 심하게 경쟁해야만 합니까?

완벽에 대한 추구는 아마도 슈퍼우먼이 되지 않으면 아무도 당신을 좋아하지 않을 것이고, 실수, 잘못, 적당주의, 실패, 부주의는 용서받지 못할 것이라는 무의식적 두려움의 결과일 것입니다. 또는 완벽한 상황이 아닌 데서 오는 혼돈이 두렵고, 목표가 없으면 외롭고 방향을 잃어버린 것처럼 느낄 수도 있습니다. 일을 완벽하게 수행하지 못하면 자신은 쓸모 없는 사람이라고 생각하게 됩니다. 그러나 완벽하게 되려고 노력하는 것은 정말이지 사람을 지치게 만듭니다. 또 아무리 노력을 해도 만족할 수 없기 때문에 끝이 없습니다. 그뿐만이 아닙니다. 완벽주의는 사람에게 꼭 필요한 너그러움, 발랄함, 자발성, 창조적인 면을 죽입니다.

경제적으로 안정이 되고 직장에서 최고가 되어서 사회적 인정을 받게 된다면, 자신이 정서적으로 왜 빈곤한지에 대해서 구태여 의문을 가질 필요가 없다고 믿고 살아갈 위험도 있습니다.

현영

현영은 큰 일간신문 편집장의 비서가 되었습니다.

"그 직책은 전망도 있고 힘이 있는 자리였어요."

현영은 자신이 능력이 있음을 상사에게 보여 주기 위해 매일 늦게까지 야근을 했습니다.

"편집장의 마음을 읽으려고 노력했고, 요청하기도 전에 그 사람이 원하는 일들을 했어요. 편집장이 나를 지금까지 함께 일해 본 사람 중에 제일 훌륭한 비서라고 칭찬해 주길 바랐어요."

그렇지만 현영은 칭찬을 거의 듣지 못했고, 어느 날 편집장이 다른 사람에게 하는 이야길 듣게 되었습니다.

"새 비서는 지나치게 열심히 해. 일은 잘하는데 너무 긴장해 있어서 사무실에 있는 모든 사람을 피곤하게 만들어."

순간 현영은 엄청난 충격을 받았습니다. 현영의 완벽해지려는 노력은 남을 기쁘게 하려는 욕구 때문이었다는 걸 당신은 알 수 있을 것입니다.

자기패배적인 생각에 도전하기

●

불필요하게 감정적으로 격해지거나 관심에 반하는 행동을 할 때마다 당신 생각의 잘못된 점을 찾아보고 나쁜 행동과 생각을 기록해 보세요.

당신의 신념이 합리적인지 아닌지를 아는 한 가지 방법은 다음 질문에 대해 생각해 보는 것입니다.

- 그렇게 생각한 근거가 무엇인가요?
- 어떤 다른 설명이 가능할까요?
- 당신이 이 일의 당사자가 아니라면 그 생각을 어떻게 볼까요?
- 상대에게 잘 보이려고, 완벽해지려고, 또는 자신을 통제하려는 것은 아닌가요?
- 중립적이거나 더 나은 긍정적인 생각으로 대체할 수 있을까요?

당신에게 나쁜 결과를 초래하는 행동양상이 무엇인지 알 필요가 있습니다. 자기패배적인 생각은 갑자기 자동적으로 떠오르는 것이기 때문에 실제로는 파악하기가 어려울 수 있습니다. 자기패배적인 생각이 앞에 언급된 여러 영역에 퍼져 있거나 혹은 어떤 범주에도 속하지 않을 수 있습니다.

일상생활의 전 영역에 퍼져 있는 자기패배적이고 부정적인 생각들을 인식하게 될 때마다 일기에 자세히 기록하세요.

- 일기에 선행요인(A, 감정적 어려움을 느끼거나, 자기패배적으로 행동하기 직전에 있었던 생각이나 감정)을 써 보고, 결과(C, 결과적으로 일어난 힘든 감정과 자기패배적 행동)를 적어 보세요.
- 길게 세로줄을 그어 두 칸을 만드세요. 첫 칸에는 비합리적인 자기패배적 믿음을 적어 보세요. 예를 들면, "무조건 잘해야 해. 나는 아무 짝에도 쓸모 없어."와 같이 적어 보세요. 둘째 칸에는 합리적이고 균

형 잡힌 생각을 쓰세요. 예를 들면, "잘하는 것이 더 좋기는 하지만 언제나 그래야만 할 필요는 없어."와 같이 적어 보세요.

〈표 10-1〉은 현영의 비합리적인 생각과 치료 과정에서 현영이 배운 좀 더 합리적인 생각들입니다.

〈표 10-1〉 현영의 자기패배적인 생각과 반론

비합리적인 생각	합리적인 생각
'직장에서 뛰어나지 않으면 사람들은 나를 알고 지낼 가치도 없는 하찮은 사람으로 볼 거야.'	'전혀 그렇지 않아. 사람에게는 직장에서 일을 잘하는 것보다도 더 중요한 것이 많이 있어. 더구나 난 아주 뛰어나지는 않더라도 일을 꽤 잘할 수는 있잖아.'
'인간으로서 가치가 있으려면 모든 사람에게 사랑받고 인정받아야 해.'	'사람들이 그를 사랑하느냐 미워하느냐는 기준으로 그를 평가할 수는 없어.'

- 자기패배적인 생각을 좀 더 합리적인 생각으로 대체하는 이 방법에 더해서, 당신의 행동을 바꿈으로써 자기패배적인 생각으로 인한 결과를 바꿀 수 있게 하는 전략도 많은 도움이 됩니다. 심사숙고하여 행동계획을 세우는 데 APT 전략을 쓰세요. 다음번에 이 같은 자기패배적인 생각이 일어날 때, 그 행동계획대로 하세요. 행동계획에는 친구에게 전화 걸기, 다른 사람 방문하기, 손익계산서 쓰기 등이 있습니다.

다음은 섭식장애가 있는 사람들이 보인 여러 자기패배적인 생각에 대한 반론들입니다. 일부는 식사에 대한 것이고 다른 것은 삶의 다른 영역에 대한 것입니다.

정미

"내 생각보다 약간 더 먹었다고 죄책감을 갖는 것은 옳지 않아."

"정상적으로 먹는 것이 몹시 어려워. 그렇지만 불가능한 일은 아니야."

"다른 사람이 내 초대를 거절했을 때 그것이 내가 잘못했다는 것을 의미하지는 않아."

"바보같은 짓을 했다 하더라도 바보같이 행동했음을 의미할 뿐이지, 내가 완전히 바보라는 것은 아니야."

지인

"몸무게를 적게 유지할 때는 기분이 아주 좋아. 그러나 그게 나한테 도움이 되는 것은 아니야."

보영

"먹고 싶은 충동을 강하게 느낄 때라도 당장 먹어야만 하는 건 아니야."

은지

"인정받지 못했다고 그렇게까지 비참해할 필요는 없고 단지 기분이 썩 좋지 않을 뿐이야. 내가 어리석은 행동을 했을 경우라도 내 자신을 받아들일 수 있어야지."

"내 기준보다 더 먹는 실수를 했거나, 어떤 일이 잘못되었을 경우라도 이건 내가 실수할 수 있는 인간임을 보여 주었을 뿐이야."

제니

"앞으로 며칠 동안 열심히 노력하면 더 이상 굶으려 하지 않고 식사량이 늘어날 것이라 확신해. 허기지고 지친 상태로 지내지 않는 것만 해도 대단한 일이지."

"이 중요한 프로젝트 결과가 어떻게 될지 몰라 불안하고 걱정스럽지만, 한편으론 결과가 궁금하고 도전하고 싶은 마음도 있어."

태연

"몇 번의 폭식/구토와 체중이 좋아지지 않는 것은 실패이기보다는 내가 아직 허점이 있다는 것을 인정하고 배울 수 있는 기회이자 도전이야."

"실직은 내가 더 좋은 직장을 찾을 수 있는 기회가 될 수도 있어."

수치심 떨쳐 버리기

●

수치심, 어색함, 쑥스러움, 창피함은 완벽하지 않을 경우 아무도 당신을 좋아하지 않을 것이라는 생각과 밀접한 관련이 있습니다. 이런 감정에 도전하기 위해서 당신이 할 수 있는 완벽하지 않은 행동을 생각해 봅니다. 완벽주의의 주도권에 저항하여 거기서 벗어나는 자유를 만끽해 보세요.

일주일에 적어도 한 가지씩 창피할 만한 행동을 집 안이나 밖에 나가서 하도록 계획합니다. 양극단인 흑과 백 사이에 완충 역할을 하는

'회색'의 태도를 받아들이면, 불안을 줄이고 수치심을 쫓는 데 도움이 됩니다. 필요할 때 쓰기 위해서 '회색' 행동계획들을 만들어 보세요. '완벽'하지 않은 것도 만족감을 준다는 사실을 알 수 있습니다. 약간 신경이 쓰인다면 당신 자신에게 외쳐 보세요. **"완벽주의, 너는 나를 지배하지 못할 거야."**

다음은 다른 사람의 예입니다.

- 가끔 고의적으로 모임에 늦게 가 본다.
- 밖에 나갈 때 나이에 어울리지 않는 머리핀을 하고 나간다.
- 계절에 맞지 않은 옷차림을 하고 장을 보러 간다.
- 성인에게 아동용 생일카드를 보낸다.
- 좋아하는 밝은 색상의 옷을 사서 안 어울리는 포인트를 주고 입는다.
- 집에서 멋지게 식사하자고 손님들을 초대해 놓고 배달음식으로 상차림을 한다.
- 라이브카페에서 앞에 있는 무대로 나가 남들이 보는 데서 노래를 부르고 춤도 춰 본다.
- 화장을 하지 않고 저녁 식사 모임에 간다.
- 스마트폰으로 음악을 들으며 보도 위를 춤을 추듯이 걷는다.

사람들이 당신을 보고 웃으면 당신은 어떻게 해야 되는지 알지요? 미소를 지으며 그 좋은 기분을 느끼고, 그것을 즐기세요.

11장.
자기 표현 및 주장

10장에서 부정적인 생각과 부적절한 감정에 시달리고, 통제에 지나치게 집착하고, 다른 사람을 기쁘게 하기라는 병에 걸린 자신의 모습을 보았나요? 당신은 '의무감'에 시달려서 완전히 녹초가 될 때까지 남에게 퍼 주고 또 퍼 주다가 당신의 삶을 황폐화하려는 건 아니지요?

다른 사람들이 무엇을 요청하건, 마음은 싫다고 하고 싶어도 "예"라고 대답해서 다른 사람들에게 이용만 당합니까? 거절을 하면 상대의 감정이 상할까 봐 당신을 불편하게 하는 남의 제안을 거절하지 못합니까? 원하는 것을 말하면 남들에게 이기적인 사람으로 보일까 봐 걱정이 됩니까?

이상의 질문에 대한 대답이 "예"라면 이번 장을 읽으세요. 당신은 자기표현과 자기주장이 부족한 것입니다.

당신이 이런 데에는 몇 가지 이유가 있습니다.

- 아주 내성적인 성격이라 너무 소심하고 부끄럼을 많이 타는 사람일 수 있습니다.[1]
- 10장에서 언급된 과잉통제 습관 때문에 얼굴표정으로 당신이 원하는 것을 남에게 알리지 못할 수도 있습니다. 또는 결정이 내려질 때까지 당신이 원하거나 느끼는 것이 무엇인지를 몰라서 그럴 수도 있습니다.
- 자존감이 매우 낮아서 자신이 하찮다고 생각해서 그럴 수도 있습니다.

세영

20세 세영은 작지만 건실한 회사의 비서실에 근무하고 있습니다.

"아무도 나에게 관심이 없는 것 같아요. 나는 다른 사람들이 호감을 갖거나 함께 있고 싶은 상대가 아닌가 봐요."

세영은 병원에 방문하기 전까지 심한 자책감, 수치심 또는 자기비하에 시달리고 있었으며, 주변 사람들의 모든 일을 대신 해 주고 다른 사람들을 실제적, 정서적으로 돌보아 줌으로써 자신이 필요한 사람이라는 걸 증명하려고 노력해 왔습니다.

"사무실에는 여직원이 네 명 있어요. 상사가 갑자기 나타나 '자, 누가 커피를 타서 한 잔씩 돌리겠나?' 하면 벌떡 일어서 나서는 사람은 항상 저예요. 말할 것도 없이 설거지도 항상 내 차지이지요. 다른 사람들은 그 일을 하려고 하지 않아요. 다른 사람들이 모두 퇴근한 후에도 뒷정리를 하기 위해 남아 있을 때도 있어요."

세영은 다른 사람보다 두 배는 더 많이 일합니다. 처음 한두 번은 상사가 세영의 일을 일부 떠맡도록 다른 비서에게 요청하여 세영을 도와주려 했습니다.

"저는 상사가 그렇게 하는 것이 전혀 좋지 않았어요. 저를 도와주려고 하는 것이라는 걸 알지만 그 후 저는 동료에 대한 미안함 때문에 자책에 시달려야 했어요."

세영은 피학적인 사람인가요? 아니면 순교자인가요? 아마 어느 쪽도 아닐 겁니다. 하지만 세영은 자신을 모든 사람이 밟고 지나가는 발깔개처럼 여기는 데 너무나 익숙해 있고, 그렇게 하지 않는 것이 오히려 두렵다는 것을 알고 있습니다. 그녀는 만약 자신이 발깔개 역할을 포기한다면 다른 사람들에게 버림받지 않을까 두려워했습니다.

때로 이런 사람들은 심한 분노가 표현될까 봐 또는 그 후에 따르는 좌절에 대한 두려움 때문에 마음을 열어 놓고 이야기하지 못하기도 합니다.

신지

신지는 20세 대학생으로 다른 여학생과 함께 자취를 하고 있었습니다.

"둘이 방을 공평하게 사용해야 한다는 것은 알지만, 내 생각을 말할 권리가 없는 듯이 느껴져요. 같이 집을 쓰는 정희는 거침없이 말을 하고 어떤 때는 정말 경솔하게 행동해요. 그런 행동은 나를 계속 괴롭혔어요. 하루는 정희가 자기 생일 파티에 초대한 사람들 앞에서 내가 음식을 먹고 나서 토할 것이기 때문에 내 식사비는 자기가 지불하지 않을 거라고 이야기했어요. 나는 정말 부끄럽고 화가 나서 그녀를 발로 차고 때리고 소리치고 싶었어요. 그러나 나는 그렇게 못하고 어색하게 미소를 지었을 뿐입니다."

자기표현하기

●

우리는 소망, 욕구, 감정을 표현할 수 있는 세 가지 방법이 있습니다.

1. 피동적 표현

자신의 소망, 욕구나 감정을 억눌러야 합니다. 이런 대화는 구부정한 자세로 눈을 내리깔고서 주저하는 목소리 또는 기어 들어가는 듯한 목소리로 하게 됩니다. 그리고 "아마……" "단지 …… 정도만 해 줄 수 있니?" "아니, 괜찮아. 신경 쓰지 마."라는 표현을 사용합니다.

2. 자신 있는 표현

자신의 소망, 욕구나 감정을 표현하는 동시에 대화 상대의 감정도 고려합니다.

3. 공격적 표현

단지 자신의 욕구나 감정에만 관심이 있습니다. 부적절한 분노나 적대감이 깃든 큰 소리로 폭발적으로 말합니다. "……하는 게 좋을 걸." 하고 협박하거나, "농담이겠지." 하는 식으로 상대를 무시하거나, "……해야 돼." "네가 더 잘 알고 있는 줄 알았는데." 등의 거친 표현을 합니다.

우리는 이런 세 가지 방법으로 서로 다른 상황에 대처합니다. 섭식문제를 가진 여성은 종종 피동적 표현과 공격적 표현의 양극단 사이를 왔다 갔다 합니다. 적당한 중도적 표현 방법을 찾는 데 어려움이 있습니다.

감정을 억누르며 피동적으로 행동했던 최근의 상황을 생각해 보세요. 당시의 사건에서 일련의 행동을 재구성해 보세요(2장을 참고하세요).

① 언제, 어디서, 누구와, 무엇을?
- 당신은 무슨 생각을 했습니까?
- 당시 누르려고 했던 감정은 어떤 것이었습니까?

이런 식의 반응을 초래하는 생각은?

- "내가 이렇게 말하면 그는 나를 싫어할 거야."
- "내 감정이 격해지는 건 어리석은 행동이야."

② 피동적 행동

어떻게, 어떤 식으로 남들이 당신을 함부로 대하도록 내버려 두었나요?

③ 긍정적/부정적 결과는 무엇이었습니까?

피동적 행동보다는 자신 있게 주장하는 것이 당신이 배워야 할 기술이며, 양극단이 아닌 중도적 태도를 취하는 데 필요한 기술입니다.

자기주장의 필요성

●

"왜 자기주장을 하는 법을 배워야만 하나요? 오히려 위험하지 않을까요?"라고 물을 수 있겠지요. 자신의 욕구, 소망, 감정을 표현하지 않는 이유가 무엇이건 간에 단기적으로는 그렇게 하는 것이 가장 손쉬워 보일 겁니다. 그렇지만 좀 더 길게 보면 그런 태도는 당신의 신체적·정신적 건강에 심각한 손상을 줄 수 있습니다.

- 자기주장을 못하면 점차 좌절감이 쌓여 폭식증을 지속시키거나, 두통, 요통 같은 신체적 증상을 일으킬 수 있습니다.
- 다른 사람들은 혹사당하는 당신을 가엾게 여길 수도 있고 자기주장을 하지 않는 태도를 좋아하는 것처럼 보일 수 있습니다. 그러나 당신이 인생이 얼마나 불공평한지 한탄하거나, 폭식증으로 인해

힘들어하면서도 개선을 위한 노력을 아무것도 하지 않는다면 그들은 곧 당신에게 짜증을 내게 될 겁니다.

- 갈등을 외면하는 것은 일시적으론 별 문제가 없을 수 있습니다. 하지만 장기적으로는 긴장과 좌절을 키웁니다. 갈등이 생기면 그 즉시, 그 상황을 다루는 것이 훨씬 더 건강한 방법입니다.

"그런 시도는 나에게 너무 힘들어 보이고, 주변 사람들과 멀어지게 될 위험이 크고, 시도조차도 두려워요."라고 말하고 싶나요?

아무도 당신이 하루아침에 모든 상황에서, 자기주장을 할 수 있는 사람으로 변해야 한다고 생각하지 않습니다. 그러나 적어도 특정 상황에서는 자기주장을 선택할 필요는 있습니다.

자기주장의 원칙

●

모든 사람처럼 당신에게도 인간의 기본 권리가 있습니다.

- 의견을 정하고 이를 표현할 권리
- 실수할 권리
- 죄책감 없이 다른 사람의 요구를 거절할 권리
- 마음을 바꿀 권리
- 스스로 우선순위를 정하고 목표를 정할 권리

- 자신의 행동, 사고, 감정을 판단하고 결과에 책임을 질 권리

사전 준비와 계획

- 우선 생각하세요. 협상하기 전에 당신이 원하는 것과 당신의 권리, 상대방의 권리가 무엇인지를 명쾌히 하세요. 반대가 있을 상황을 예상하고, 반대에 어떻게 대처해야 할지에 대한 계획을 세우세요. 이런 것들을 준비하는 것이 자신감을 강화시킬 것입니다.
- 가능하다면 적절한 시기를 선택하세요. 상사가 바삐 회의에 들어가느라 당신 자리를 지나칠 때 급여 인상을 요구하는 것은 좋은 방법이 아닙니다! 사적으로 이야기하기 위해서라면 따로 약속 시간을 잡으세요.
- 요구를 할 때는 구체적이고 직접적이어야 합니다. '단지' '차라리' '아마' 등과 같은 자신감 없어 보이는 단어 사용을 피하세요. **"내가 승진할 가능성이 조금이라도 있을지 궁금합니다."**라고 말하지 마세요. **"내가 승진할 수 있을까요?"**라고 말하세요.
- 행동은 비난해도 사람 자체를 비난하지는 마세요. 사실을 말하도록 하고 판단하지 마세요. **'항상' '결코' '불가능한'** 같은 단어를 피하세요. 사람이나 상황에 대해서 긍정적인 것을 이야기하세요. 당신이 말해야만 하는 것을 말한 후에는 흔들리지 마세요. 상대방이 기분 나빠 한다고 사과해서 이미 말했던 것을 없었던 일로 되돌리지 마세요.
- 싫다고 거절할 경우 대안을 제안하세요. **"오늘 저녁 당신을 위해 야근할 수가 없어서 유감입니다만, 필요하다면 내일은 괜찮습니다."**
- 주제를 돌리려 하거나 당신의 결정을 번복시키려는 사람에게는 '고장난 레코드' 기법을 쓰세요. 상대방이 뭐라고 하건 간에 당신의 주장을 조용히 반복하세요.
- 눈을 바라보세요. 바르지만 편안한 자세를 취하세요. 방어하듯 팔짱을 끼지 말고 양팔을 밑으로 내리고 어깨는 편안히 하세요.

당신이 비난받고 있다면 다른 기법이 있습니다.

- 당신을 비난하는 말 속에도 일부의 진실이 있을지도 모른다는 사실을 겸허

폭식 스스로 치료하기

히 받아들이세요. 그러나 당신이 하는 일에 대한 판단은 당신 자신이 하세요.
- 잘못을 인정하는 자기주장: 당신의 실수와 잘못을 인정하되, 사과를 할 필요는 없습니다.
- 비난의 내용이 유용한 것이라면 정보를 더 얻기 위해, 혹은 비난의 내용이 조작적이라면 상대가 제풀에 지치도록 비난을 은근히 부추기세요.

자기주장 훈련

●

다른 책에서 자기주장의 중요성에 대한 내용을 읽은 적이 있을지 모릅니다. 그러나 일상생활에서 실제로 어떻게 의사소통을 해야 할지는 아직 궁금할 것입니다.

일어날 상황에 대비해 미리 계획을 세우세요.

- 거울 앞에서 말하고 싶은 것을 연습하세요.
- 말하고 싶은 것을 녹음해 들어 보세요.
- 친구나 가족과 그 상황을 역할놀이해 보세요. 역할을 바꾸어 당신이 요구할 사람의 역할을 맡아 해 보세요.

물론 당신이 침착하게 생각할 여유도 없이 재빨리 대응하여야 할 상황도 있습니다. 다른 사람의 요구에 "예"라고 대답하는 데 너무나 익숙해져 있어서 "예"라고 말한 후에야 비로소 거절하지 못한 것을 후회한다면, 당신은 마음을 바꿀 수 있는 권리를 가지고 있다는 것을 명심하세요. 당신이 "예"라고 답한 사람에게 전화를 걸어 "정말 미안해요. 하지만 추가로 일을 더 할 수는 없어요."라고 이야기하세요.

상대가 당신의 생살여탈권을 가지고 있다면 자신 있게 자기주장을 하는 것이 어려울 것입니다. 그런 경우라면 꼭 그렇게 해야 할 필요는 없습니다. 대신 나중에 그 사람이 말했던 것에 대해 당신이 어떻게 느꼈는지를 이야기할 수 있습니다. 즉, "어제 당신이 말한 것에 대해서 이야기하고 싶습니다. 당신이 그렇게 말했을 때 나는 정말로 기분이 상했습니다."라고 말하세요.

처음으로 자기주장을 할 때면 두렵고 떨릴 것입니다. 그러나 연습을 반복하면 좋아질 것입니다. 자기주장을 하는 것이 자신감을 높여 주고, 높아진 자신감은 자기주장을 좀 더 잘하게 해 줍니다. 점차 당신의 생활이 균형 잡히게 될 것입니다.

다음은 우리 환자 중 한 명이 도전했던 상황을 예로 든 것입니다.

유정

유정은 귀엽고 여성스러운 사람인데 여가시간에는 지역 오케스트라단에서 연주를 합니다. 단원 중에 한 사람인 지선은 유정과 친해지고 싶어 했습니다. 지선은 유정에게 매일 전화해 몇 시간씩 자기 문제를 이야기했습니다. 반면, 유정의 말에는 귀 기울이려 하지 않았습니다. 지선은 유정이 거절하기 곤란한 방법으로 외출하자고 졸랐습니다.

"오늘 저녁에 특별한 일 없지? 좋아. 영화표 두 장 있거든. 함께 가자. 내 차로 가."

유정은 처음엔 당황했지만 점점 지선에게 화가 나서 가능한 한 피했습니다. "지선이가 전화하면 집에 없다고 이야기하세요."라고 부모님께 말했습니다. 오케스트라 활동은 대단히 좋아했지만 지선을 만나기 싫어 더 이상 가지 말아야겠다고 생각했습니다. 한편으로는 지선에게 미안한 마음이 들었습니다. 왜냐하면 지선은 다른 친구가 거의 없는 듯 보였기 때문입니다. 자신이 지선을 냉정히 거절하면 그건 지선에게 상처를 주는 것이고, 지선의 호의를 받아들이면 자기주장을 할 권리와 두 사람 간의 한계를 정할 권리를 잃는 것이라고 생각했습니다. 유정이 어떤 대처를 해야 할지 분명했습니다. 지선을 피함으로써 자신의 생각을 간접적으로 보여 줄 수 있었지만 지선으로부터 자유로워지는 유일한 방법은 그녀에게 직접 말하는 것이었습니다. 다음은 유정이 '고장난 레코드' 기법을 통해서 자기주장을 관철한 방법입니다.

[전화 대화]

유정 : 안녕, 나 유정이야.

지선 : (약간 책망하듯) 안녕. 하루 종일 너네 집에 전화했었어. 어디 갔었니?

유정 : (다소 방어적으로) 응, 나가서 할 일이 있어서.

지선 : 오늘 저녁에 집에 있을 거니?

유정 : 응.

지선 : 특별히 할 일이 있니?

유정 : 아니, 그냥 TV 보며 쉴 거야.

지선 : (들뜬 목소리로) 아, 잘됐다. 마침 너를 만나러 갈 참이었어. 가는 길에 피자 사 가지고 갈게. 저녁 8시쯤 가면 어때?

유정 : 오늘 저녁엔 아무도 만나고 싶지 않아. 혼자 있고 싶어.

지선 : (다소 놀라며) 따분하게 왜 그래. 혼자 지내는 건 어찌 됐든 좋지 않

아, 같이 수다 떨면 재미있잖아.

유정 : 미안하지만 오늘 저녁에는 만나고 싶지 않아. 이번 주말은 어떠니?

지선 : (꼬시듯이) 오늘 밤에 만나자. 영희에 관해 할 말이 있어.

유정 : 네 얘길 들어 주고 싶지만 오늘은 정말 그럴 기분이 아니야.

지선 : (좀 더 화가 나서) 정말 오늘 왜 그러는지 이해가 안 돼. 별일 없다
면서도 나더러 오지 말라는 거잖아. 너 너무 이기적인 것 아니니?
오랜 친구에게 그러는 거 아니야.

유정 : 미안해. 하지만 오늘은 정말 혼자 있고 싶어.

유정은 전화가 계속되면서 지선이 자신에게 미안함이나 죄책감을 느끼게 하려는 의도가 있다는 것을 분명히 알 수 있었습니다. 유정은 꼬임에 넘어가지 않으면서, 이기적으로 행동하는 게 아닌지에 관한 논쟁에 말려들지 않고, 잘 극복했습니다.

보충자료

1. 내성적인 사람이 성공하는 법에 관해 더 알고 싶다면 Susan Cain의 『침묵(Quiet)』
을 찾아보세요(www.quietrev.com/quiet-the-book/). 제시된 웹사이트는 Cain
이 강의한 TED talk과 링크되어 있는데, 그 내용들은 당신에게 깨달음과 도전을
불러일으킬 겁니다.

12장.
자기파괴 및 학대

술, 약물 남용, 도벽, 과소비 문제는 섭식장애 환자에게 흔히 있는 일입니다. 이런 문제 행동들은 폭식증에서 소망/갈망 회로의 영향을 받은 결과일 수 있습니다(4장에서 이야기했듯이 반복되는 절식과 폭식의 악순환이 음식 중독을 일으키고 다른 물질에도 쉽게 중독이 일어나게 합니다). 10장에서 설명한 폭식의 경우처럼 일부 환자에게는 물질 남용이나 과소비가 힘든 감정이나 부정적 사고를 다루는 방법일 수 있습니다.

때때로 이런 행동들은 폭식에 대한 죄책감이나 단/절식의 괴로움을 무디게 함으로써 섭식장애로 인한 불쾌한 느낌에서 벗어나게 해 줍니다. 또는 다른 문제에 대한 처방으로 사용하기도 합니다(예: 불면증이나 긴장상태에 있을 때 술이나 약을 복용하기). 또 심심함, 우울, 불안 등 마음의 불쾌한 상태를 없애려고 이런 행동을 할 수 있습니다. 처음엔 호기심에서 우연히 시작되지만, 자기파괴적 행동이 악순환으로 이어질 수 있다는 것을 이 장에서 보여 줄 겁니다.

음주와 약물 탐닉

●

불안감이 강할 때에 술이나 약물을 복용하는 경우가 많습니다. 특히 당신이 뚱뚱하다고 생각된다면, 어느 정도 술을 마시지 않고서는 사람들이 많은 모임에 가는 것이 어려울지 모릅니다.

규원

"저는 항상 부끄럼을 많이 탔어요. 특히 마음에 드는 사람 앞에선 더 그래
요. 혀가 굳고 땀이 비 오듯 하고, 무슨 말을 해야 할지 아무 생각도 안 나요.
내가 그럴 때 다른 사람들은 나를 정말 형편없는 사람이라고 생각할 거예요.
폭식증이 생긴 후로는 다른 사람과 편하게 지내는 것이 더 어려워졌어요. 내
가 외출해서 사람들과 기분 좋은 시간을 가질 수 있는 유일한 경우는 술을 어
느 정도 마셨을 때입니다. 대개 외출 전 포도주를 반 병 정도 마셔요. 그리고
는 나가서 밤새도록 술을 마십니다. 다음날이면 어떻게 행동했는지 거의 기억
이 나지 않습니다. 당황스러운 것은 다른 사람들이 내가 그런 상태에서 굉장
히 난폭하게 행동했다고 말하는 것을 들을 때지요."

물론 당신이 외출할 때 항상 술에 취해 있다면 다른 사람들은 눈치챌
것이고 규원의 경우처럼 당신을 좋지 않게 볼 겁니다.

"몇몇 친구들은 내가 취했을 때 함께 있는 것이 아주 힘들다고 말해 주었어
요. 술에 취해 비틀거리고 우습지도 않은 농담을 하고 남자들에게 추근댄다고
해요. 처음 만난 사람, 맨 정신이라면 두 번 다시 보고 싶지 않을 사람과 잠자
리를 같이 한 적도 몇 번 있었어요."

때로 술이나 약물의 남용은 "인생이 너무 괴로워. 도저히 견딜 수 없어."라
는 생각의 결과일 수 있습니다. 삶의 고통을 잊기 위해서 술을 사용합니
다. 그러나 일단 인생을 술이나 약물에 의존하여 살게 되면 다음의 미영
과 유니의 사례처럼 인생은 더 견디기 힘든 괴로운 것이 될 것이고, 삶
은 더욱더 나빠지기만 할 겁니다.

미영

미영은 무용으로 촉망받는 학생이었습니다. 그러나 폭식증 때문에 무용학교를 중도 포기했습니다.

"내 꿈이 산산조각 났어요. 무용 이외에는 할 줄 아는 게 아무것도 없었어요. 솔직히 이야기하면 무용 이외에는 다른 어느 것도 하고 싶지 않았어요. 무용가가 될 생각만 하며 몇 년을 무용에 몰두했었어요. 그래서 화가 나서 견딜 수 없었어요. 나를 쫓아낸 학교가 너무 미웠어요. 폭식증을 숨기지 못했던 나와 또 부모와 세상에 대해 화가 났어요. 그때 재호를 만났어요. 그는 술 마시는 것을 좋아했어요. 우리는 매일 저녁 호프집에서 만났지요. 우리 둘 다 직업이 없었어요. 엄마는 재호를 탐탁지 않아 하셨지만 나는 상관하지 않았어요. 매일 밤마다 마시고 또 마셨어요. 멈출 수가 없었어요. 어느 시점에 나는 재호를 떠나려고 노력했지만 그는 나를 놓아주지 않았고 화를 내며 나에게 폭력을 행사했어요."

유니

"매일 대마초를 피웠어요. 피우지 않을 때면 긴장되고 불안하고 사소한 일에 대한 걱정이 너무 많았어요. 난 항상 무언가 걱정거리를 찾아내는 타입이지요. 끝없이 어떤 일들을 되풀이해서 생각해요. 어떤 상황에서 내가 어떻게 행동해야 할지, 또 대화 중에 말해야 될 것과 말하지 말아야 될 것을 끊임없이 분석해요. 대마초는 이런 모든 걱정을 잊게 해 줘요. 대마초가 나의 에너지를 고갈시켜 의욕도 욕구도 동기도 없어져 버리게 만들어서 대마초 중독이 되는 게 아닌지 걱정이 돼요."

암페타민 같은 일부 약물은 살을 빼는 데 도움을 주기도 합니다만 대가가 너무 큽니다.

> "암페타민을 복용하자 바로 중독되어 잠을 잘 수가 없었어요. 성격이 변하
> 고 의심이 많아졌어요."

비만클리닉에서 처방되는 약물들 가운데 이런 유형에 속하는 것들이 있습니다. 이런 약물은 효과보다 부작용이 훨씬 큽니다.

신종마약/디자이너 드럭

신종마약은 서양에서 황홀감을 일으키며 무해하고 합법적이라고 선전하는 약물입니다. 새로운 합성마약이 등장하지만 제재하는 법은 항상 뒤늦게 만들어집니다. 많은 사람들이 인터넷을 통해 구입을 합니다. 이런 약물들 대부분은 안전한지 여부가 검증되지 못했고, 예상하지 못한 심각한 부작용을 경험하는 사람이 많습니다. 이 약물을 복용하는 것은 러시안 룰렛 게임을 하는 것과 같습니다.

흡연, 카페인, 인공감미료

잠깐! 당신이 마약류를 사용하지 않는다고 안심하지 마세요. 담배는 어떻습니까? 카페인과 인공감미료는 어떤가요? 우리는 종종 카페인이 얼마나 강력한 '습관성 약물'인지를 잊어버립니다. 카페인은 불안, 공황, 떨림 등을 초래할 수 있습니다. 과용할 경우 수면과 생각에 문제를 일으킵니다. 집중하기가 어렵고, 남을 의심하게 됩니다. 알코올에 관한 내용과 같은 질문을 알코올 대신 복용 중인 특정 약물로 바꾸어 자신에게 질문해 보세요. 3개 이상의 질문에 "예"라고 대답했다면, 그 약물에

중독되어 가고 있을 가능성이 높습니다.

술 때문에 걱정하나요

●

섭식장애가 있다면 여러 이유로 술이나 약물에 중독될 위험성이 매우 높습니다. 술이나 약물 문제가 섭식장애를 가진 여성의 가족에서 훨씬 흔하다는 것이 여러 연구에서 밝혀졌습니다. 무엇 때문에 세대에 걸쳐 이런 문제가 일어나는지 정확한 기제는 아직 모릅니다. 일부 유전적 취약성이 전달되는 것일 수 있으며, 폭음이 가족 내 문제 해결 방식이라면 당신도 그 방식을 배우면서 성장했을 수 있습니다. 또한 술의 유혹에 잘 걸려들게 만드는 중요한 신체적 이유(즉, 섭식 제한)가 있습니다. 술이 당신이 허용하는 유일한 에너지원이라는 것을 몸은 재빨리 배울 것입니다. 이것이 술에 대한 갈망을 크게 만듭니다.

알코올 음료들은 칼로리만 있고 건강에 필요한 미네랄, 비타민 같은 성분은 들어 있지 않습니다. 더구나 술을 중화시키기 위해 몸은 체내에 저장된 비타민을 모두 사용해 버립니다. 그러므로 술을 마시면 비타민이 결핍될 가능성이 커집니다. 비타민 결핍은 뇌 손상을 초래할 수 있습니다. 특히 기억력 장애의 위험성이 높습니다.

적정 음주량은?

일주일에 마시는 알코올의 양을 계산하기 위해서는 마시는 단위를 세는 것이 가장 좋은 방법입니다.

1 단위(알코올) = 맥주 한 잔
= 양주 한 잔
= 와인 작은 한 잔(약 100cc)
= 소주 한 잔

집에서 마시는 한 잔은 술집이나 식당에서 마시는 한 잔보다 대개 양이 더 많습니다. 그러므로 단위를 계산할 때 이 사실을 염두에 둘 필요가 있습니다. 일기에 일주일 동안 매일 마시는 양을 기록해 보세요.

여성은 일주일에 14단위까지, 남성은 21단위까지는 건강에 해롭지 않다고 주장하는 사람들도 있습니다. 그렇지만 앞서 기술한 이유로 영양학적으로 불균형 상태에 있는 섭식장애 여성에게 어느 정도의 양까지가 안전한 것인지는 아무도 모릅니다. 당신의 주량이 남들의 두 배 정도는 되는 편이고 취할 때까지 마시는 습관이라면, 섭식장애가 없다 할지라도 술이 해로울 가능성은 커집니다. 일주일에 22단위 이상(남자인 경우 36단위) 마신다면 건강을 해칠 가능성이 높습니다. 특히 간과 위가 술의 영향을 받습니다. 집중력이 떨어지고 개인적·사회적으로 여러 가지 문제들이 생길 겁니다. 직장이나 가정에서 법적·재정적 문제가 초래되고, 성 생활에도 어려움이 생깁니다.

다음 〈표 12-1〉에 나오는 질문에 가능하면 정직하게 답변하세요.[1]

12장. 자기파괴 및 학대

<표 12-1> 알코올 남용 검사(Alcohol use disorders identification test-cosumption : AUDIT-C)

질문	점수				
	0	1	2	3	4
술을 얼마나 자주 마시나요?	없음	1회 이내/달	2~4회/달	2~3회/주	4회 이상/주
평소에 술을 마실 때 몇 단위를 먹나요?	1~2	3~4	5~6	7~9	10 이상
한 번 마실 때 6단위(남자는 8단위) 이상 마신 날이 지난 1년간 얼마나 되나요?	없음	1회 이내/달	매달	매주	거의 매일
한번 술을 마시기 시작하면 멈추지 못 했던 적이 몇 번이나 있나요?	없음	1회 이내/달	매달	매주	거의 매일

점수 계산: 5점 이상이면 **중위험이나 고위험**이고, AUDIT—C 양성입니다. 그러면 다음 질문으로 넘어갑니다.

질문	점수				
	0	1	2	3	4
지난 1년 동안 음주로 인해 해야 할 일을 못 한 적이 몇 번입니까?	없음	1회 이내/달	매달	매주	거의 매일
해장술을 한 적이 몇 번입니까?	없음	1회 이내/달	매달	매주	거의 매일
전날 술 마신 것을 후회한 적이 얼마나 됩니까?	없음	1회 이내/달	매달	매주	거의 매일
전날 행동에 대한 기억이 끊어진 적이 얼마나 됩니까?	없음	1회 이내/달	매달	매주	거의 매일
술로 인해 당신이나 다른 사람이 다친 적이 있습니까?	없음		있음, 작년은 없음		있음, 작년에 있음
주변 사람이나 친구, 가족들이 술 문제를 걱정한 적이 있습니까?	없음		있음, 작년은 없음		있음, 작년에 있음

점수 계산: 0~7 저위험, 8~15 중위험, 16~19 고위험, 20 이상 알코올 의존

Thomas F. Babor, John C. Higgins–Biddle, John B. Saunders, and Maristela G. Monteiro. *AUDIT: The Alcohol Use Disorders Identification Test Guidelines for Use in Primary Care*, Second Edition. World Health Organization WHO/MSD/MSB/01.6a. http://apps.who.int/iris/handle/10665/67205.

절주나 금주하기

지금까지 읽은 것에 근거해서 알코올 남용의 문제가 있다고 판단이 되면 술을 줄이거나 아예 금주를 해야 합니다. 점점 술을 마시지 않는 것이 현재 사회적 추세입니다. 어떤 나라에서는 1월에는 술을 안 마시기, 사순절에는 금주하기 같은 캠페인을 벌이기도 합니다. 비슷한 예로 담배의 경우를 생각해 봅시다. 20년 전에는 사람들 앞에서 담배를 피우는 사람에게 뭐라고 잔소리하면 이상한 사람으로 여겼습니다. 담배에 대한 불평을 이야기하면 냉소적인 반응이 돌아왔습니다. 지금은 직접, 간접 흡연의 해악에 대해 많이 알려지면서 담배는 비난의 대상이 되었습니다. 이렇게 된 데에는 공공 캠페인뿐만 아니라 많은 사람들이 개인적으로 흡연자의 사려 깊지 못한 행동에 용감히 맞선 결과입니다.

다른 사람이 술을 마시라고 강요할 때 용감하게 맞설 수 있나요?
"분위기 망치지 말고 조금만 마셔, 한 잔은 할 수 있잖아. 한 잔 마신다고 어떻게 되겠어?"
당신에게 술을 먹이려고 작정한 사람한테 저항하는 것은 대단히 어려운 일입니다. 그러나 같이 술을 마시고 또 많이 마셔야만 친구로서 당신을 받아들인다면 그들과 함께 시간을 보낼 가치가 있을까요?

술 적게 먹는 방법

- 조금씩 홀짝홀짝 마시세요. 한 잔을 비우는 데 몇 번을 홀짝거리는 지를 세고 다음 잔에서 그 숫자를 계속 늘려 가세요.
- 마시는 동안에 술잔에서 다른 데로 관심을 돌릴 만한 즐거운 것을 해 보세요(예: 음악 듣기, 대화하기, 게임하기 등).

- 항상 마시는 술 말고 새로운 종류로 바꾸어 보세요. 술의 종류를 바꾸는 것은 오랜 습관을 깨고 마시는 양을 줄이는 데 도움이 됩니다.
- 좀 더 천천히 마시고 그 맛에 집중하고 즐기세요.
- 천천히 마시는 사람을 따라 하세요. 그 사람이 잔을 잡을 때까지 잔에 손대지 마시고 똑같이 행동하세요.
- 한 모금 마신 후에는 잔을 내려놓으세요. 잔을 잡고 있다면 더 많이 마시게 될 겁니다. 술잔을 입으로 가져가는 대신에 술잔에서 손을 떼고 다른 것을 하세요.
- 술에 비알코올성 음료나 물을 가득 타서 마시세요.
- 될 수 있으면 당신이 마실 술은 자신이 사세요. 돌아가면서 술을 계속 사야 한다면 당신의 차례가 왔을 때에는 당신의 술은 사지 말거나 비알코올성 음료를 주문하세요.
- 적어도 일주일에 하루, 더 좋은 방법은 2~4일 정도는 술을 마시지 않고 쉬는 날로 정하세요. 술 대신 다른 즐길 거리나 이완 방법을 찾으세요.
- 일찍부터 마시지 말고 평소보다 늦게 시작하세요. 예를 들면, 술집에 늦게 가거나, 집에서 마시면 평소보다 1시간 늦게 시작하세요.
- 술을 거절하는 것을 배우세요. 마시지 않겠다고 말하는 상황을 역할놀이해 보세요. 이것이 당신이 배워야 할 가장 중요한 자기주장 기술입니다. 예를 들면, "감사합니다만, 술 안 마시려 합니다." 또는 "속이 안 좋아서 오늘은 못 마시겠습니다."라고 하면 됩니다.

또한 술은 자제력을 잃게 하여 폭식의 가능성을 높인다는 것을 기억하세요.

절도

●

물건을 훔치다 잡힐 위험성이 적다 할지라도 확실한 사실은 대부분은 어느 시점에 반드시 잡힌다는 것입니다. 왜 총명하고 양심적인 섭식장애 환자들이 대중 앞에서 창피당할 위험성이 많고, 범죄 기록을 남기며, 심하면 감옥에까지 갈 위험이 많은 절도 행동을 할까요?

여러 이유가 있습니다. 폭식하고 싶은 욕구가 강할 때나 폭식할 음식을 살 돈이 없을 때 음식을 훔치는 사람도 있고, 어떤 사람은 필요하지도 않고 좋아하지도 않는 옷이나 장신구 같은 물건을 훔치기도 합니다. 대개는 자신도 이해할 수 없는 행동을 왜 하는지 모릅니다. 단/절식 상태가 그런 행동과 관련이 있는 것으로 생각됩니다. 예를 들면, 사람이나 동물을 굶기면 그들은 무언가를 모아 놓는 행동을 보인다는 연구 결과가 있습니다. 1950년대 미국에서의 행해진 기아상태에 대한 유명한 실험에 의하면, 이 실험을 위해 일부러 굶긴 남자들은 온갖 종류의 물건들을 모아서 쌓아 두었습니다.

반복적인 절도는 전율감을 느낄 수 있는 상황을 만듦으로써 권태나 우울을 다루는 한 가지 수단이 될 수도 있습니다. 이런 흥분감은 중독성이 있고, 따라서 좀 더 과감한 행동을 하게 만듭니다.

리아

"지난 5년간 반복적으로 물건을 훔쳐 왔어요. 폭식증이 시작된 후로 훨씬 더 심해졌고요. 어린 시절 나는 불행했고 종종 사탕을 훔쳤습니다. 지금은 주로 화장품이나 귀걸이를 훔쳐요. 폭식하는 기간에 훔치는 경향이 있어요. 다이어트를 하면서 식사를 스스로 잘 조절하고 있다고 느낄 때는 훔치지 않아요. 절도행동은 자극적이고 흥분이 되면서도 한편으론 두려워요."

시간이 지나면서 점점 더 깊숙이 빠져들게 되고 잡히지 않을 것이라고 생각하지만 대부분은 결국 잡히고 맙니다.

정현

정현은 폭식증이 시작되고 몇 년 후부터 가게에서 물건을 훔치기 시작했습니다. 옷이나 음식, 화장품, 잡지 등에 손댔습니다. 훔친 물건들은 쓰지 않고 모아 두었습니다.

"나는 아직도 왜 그랬는지를 모르겠어요. 단지 그렇게 해야만 했어요. 강박관념 같았지요. 절도행동은 내가 스스로를 잘 조절하고 있다고 느끼게 해 줬어요. 상당히 위험하게 행동할 때도 많았어요. 감시카메라가 설치된 가게에도 들어갔어요. 아마 무의식적으로는 잡히길 기다렸는지도 몰라요."

정현은 정기적으로 훔치기 시작한 지 몇 년 후에 잡혔습니다. 그녀는 자신이 했던 행동에 대해서 숨기려 하지 않았습니다. 경찰은 집에서 그녀가 훔친 물건들을 발견했고 몇 달간 감옥에 갔었습니다.

"감옥이 최악은 아니었어요. 훨씬 더 견디기 힘들었던 것은 내가 그런 행동을 한 것이 다른 사람들에게 알려졌다는 것이었어요. 그전에는 내가 폭식증이 있다는 것에 대해 누구에게도 말한 적이 없었거든요."

낭비벽

●

낭비벽도 우울감, 공허감, 권태로움을 이기기 위한 또 다른 자기파괴적인 방법입니다. 법적인 말썽을 일으키지는 않을지라도 자신에게는 문제를 일으킵니다. 폭식증 여성들은 강박적인 소비로 인해 수천만 원의 카드 빚을 질 정도로 절망적인 재정상태에 빠지는 경우도 많이 있습니다. 빚을 갚지 못한다면 점점 더 깊은 수렁에 빠지게 되어 개인 파산이 일어날 수 있습니다.

애정

애정은 생활보호 대상자로 혼자 아이를 키우고 있습니다.

"최근 들어 매우 지치고 우울해요. 즐거운 게 없고 흥미로운 것도 전혀 없어요. TV 홈쇼핑 광고를 보고 진공청소기, 믹서, 다른 주방용품을 포함한 여러 가지를 주문하기 시작했습니다. 아주 잠시 동안이지만 무엇인가를 이룬 것처럼 기분이 나아졌습니다. 그렇지만 그 기분은 오래 가지 않았습니다. 그것은 모두 100만 원이 넘었고, 물건들이 도착했을 때는 내용물이 든 상자를 열어 보지도 않았습니다. 그 물건들은 손도 대지 않은 채로 3주째 베란다에 쌓여 있습니다."

대개 낭비벽에 사로잡히면 정작 자신을 위해 하고 싶은 것, 즉 휴가를 간다든지, 더 좋은 집으로 옮긴다든지, 무언가를 배운다든지 하는 것 등을 하지 못하게 되어 버립니다.

재연

비서인 재연은 부모와 살고 있습니다. 은행에 1,000만 원, 부모에게 300만 원의 빚을 지고 있습니다.

"이젠 아무것도 못 사게 되었어요. 빚을 갚으려면 오래 걸릴 거예요. 분가 하고 싶지만 할 수가 없어요. 지금 같은 재정 상태라면 스스로 방세를 낼 수 없어요. 번 돈은 대부분 옷(자주 입지도 않고, 어떤 것은 한번도 입어 본 적 없 는 옷) 사는 데 썼어요. 완벽하게 마음에 드는 것을 사기 위해서 절망적으로 노력했던 거 같아요."

절도나 낭비벽 – 습관 깨기

- 당신이 어떤 유형에 속하나요?
- 낭비하거나 절도하는 상황을 (2장에서처럼 ABC 기법을 써서) 일기에 써 보세요.
  - 그 당시 어떻게 느끼나요?
  - 그 후 어떻게 느끼나요?
  - 그런 행동을 중단하면 어떻게 될까요?
  - 자신에게 다른 보상, 즐거움 또는 재미를 줄 수 있는 기회를 만들면 어떨 까요?
  - 재미있는 일이나 행한 후에 기분이 좋은 다른 일에는 어떤 것이 있나요?
- 당신의 문제가 절도라면 그것을 막기 위해서는 최악의 상황을 상상하는 것 이 도움이 됩니다. 정현의 경우엔 평소의 악몽이 현실이 되었습니다. 최악의 상태에 대한 글을 써 보고, 훔치고 싶은 충동이 일어날 때마다 그것을 읽어 보도록 하세요.
- 당신의 문제가 낭비벽이라면, 조금씩이라도 빚을 갚는 것부터 시작해야만 합니다. 모든 카드 사용 내역서를 책상 서랍에 숨기는 것은 섭식장애 여성에게는 흔한 대처 방법이지만 실질적으로 도움이 되지 않습니다. 은행 직원은 이런 문제를 다루는 데 익숙하고 실질적인 해결책을 제시할 수 있을 겁니다. 이 문제를 상의할 믿을 만한 친구나 가족이 있습니까? 그들이 당신의 신용카드를 관리하여 당신이 자제할 수 있게 도움을 줄 수 있습니까? 그들 은 당신이 지출계획을 세우는 것을 도울 수 있습니까?

보충자료

1. http://www.gov.uk/government/collections/alcohol-and-drug-misuse-preve
   ntion-and-treatment-guidance

13장.
인간관계

가족

●

가족과 함께 살고 있는 경우, 섭식장애는 가족에게도 많은 어려움을 줄 것입니다. 부모는 폭식으로 냉장고를 텅 비게 하거나, 밥을 안 먹겠다고 주장하는 당신으로 인해 화가 날 것입니다. 또는 부모 자신들의 잘못으로 섭식장애가 생겼다고 죄책감을 느끼거나 자책할는지 모릅니다. 가족들은 당신을 먹이려고 애를 쓰거나 특별한 다이어트 식품을 구입해서 당신을 도와주려는 행동과 "당장 그 어리석은 식습관을 고쳐."라고 화가 나서 말하는 등 양극단의 행동 사이를 왔다 갔다 할 것입니다.

당신은 가족들에게 이해받지 못한다거나, 어린애 취급을 당한다고 느끼거나, 가정 내에서 잘못되는 모든 일이 자신 때문이라는 취급을 받는다고 느낄 것입니다. 또 가족의 마음을 아프게 하는 원인이 자신이라는 생각으로 속상할 것입니다. 섭식장애를 겪고 있는 사람이 다른 사람과 어울려 사는 것도 어렵지만, 섭식장애를 가진 사람과 함께 사는 가족도 똑같이 어렵습니다.

은혜

은혜는 수년간 폭식증으로 고생했습니다. 부모도 그 사실을 알고 있었고, 특히 엄마는 섭식장애에 관한 책이라면 닥치는 대로 읽었습니다. 은혜는 얼마간 따로 나가서 살다가 경제적인 어려움 때문에 다시 집으로 들어왔습니다.

"엄마는 조심스럽게 나를 관찰했습니다. 내 섭식장애에 대해서는 말도 꺼내지 않았습니다. 엄마는 나를 어린애 취급했습니다. 엄마가 나 몰래 남자친구에게 나와 문제가 생기면 즉시 자신에게 알려 달라고 했다는 것을 알게 되었습니다. 나는 남자친구로부터 그 이야기를 들었을 때 정말 화가 났습니다. 내가 장애인인가? 아님 엄마가 직접 나에게 이야기할 수도 없을 만큼 연약한가? 엄마가 내 문제를 창피하게 생각해 직접 나와 이야기하지 않는 건 아닌지라는 생각이 들었습니다."

부모와의 관계 개선하기

섭식문제에 관해 부모님께 말한 적이 없다면 병에 대해 말을 할지에 대해 심각하게 고려해 보세요. 섭식문제를 알릴 경우 얻는 것과 잃는 것은 무엇인가요? 대개 부모들은 당신의 식습관에 문제가 있다고 어렴풋이라도 느끼고 있을 가능성이 높으므로, 그들에게 이야기하는 것은 부모님이나 당신 모두에게 큰 힘이 될 것입니다. 공유를 하면 당신에게 필요한 감정적인 또 실제적인 지원을 받을 수 있게 됩니다. 1장에 있는 회복 도우미 평가 질문지는 부모에게 알렸을 경우의 이득과 손해를 생각해 볼 수 있게 합니다.

- 이미 부모님에게 이야기했으나 부모의 태도가 나아진 게 없다면, 당신을 이해하도록 돕기 위해서는 섭식장애에 대한 지식이 더 필요할지도 모릅니다. 부모님께 이 책[1] 또는 DVD[2]를 보도록 하거나 섭식장애 전문의를 만나 보도록 제안하는 건 어떨까요?
- 부모님이 당신을 어떻게 도울 수 있는지를 구체적이고 직접적으로 적어 보세요. 1장에서 설명한 SMART 접근법을 사용하세요. 구체적이고 직접적이고 해결중심적이며 현실적인 게 좋습니다. 우선순위를 정하고, 계획을 세우고, 장애물을 생각하고, 재검토합니다. 긍정적인 제안이 부정적인 제안보다 효과가 낫습니다.

"엄마는 나를 이해하지 못해요. 엄마 때문에 내가 이렇게 되었어요."라고 하지 마세요.

"저녁 때 아빠 엄마와 같이 식사할 수 있다면 도움이 될 거예요. 하루에 한 번이라도 누군가와 함께 식사를 하면 큰 도움이 될 거예요."라고 하세요.

- 24시간 일주일 내내 당신 곁을 떠나지 말고 지켜 달라고 요청하는 것 같이 실패할 가능성이 매우 높은 계획은 세우지 마세요. 이런 건 당신과 부모 모두에게 매우 어렵기도 하거니와 서로 간에 원망이 생깁니다. 당신은 부모가 사사건건 참견한다고 느끼게 되고 폭식할 수 있는 다른 방법을 찾게 됩니다. 그러면 당신은 부모를 속이게 되고 아무도 도움을 줄 수 없다고 생각하게 됩니다.
- 부모도 사람이기에 잘못할 수도 있다는 것을 기억하세요. 완벽한 사람은 아무도 없습니다. 섭식문제의 어려움에 대해 부모가 먼저 알아서 언급해 줄 거라고 기대하지 마세요. 부모라고 해서 당신의 마음을 읽을 수는 없습니다. 먼저 터놓고 이야기하세요. 당신과 부모가 함께 현재 진행되는 일을 검토하고 상의하는 정기적인 모임을 갖는 것이 아주 좋은 방법입니다.
- 집안 분위기가 아주 나쁘다면 집을 나가는 것도 고려해야 할지 모릅니다. 당신이 하지 말아야 할 것은 한집에서 감정적으로 심하게 부딪히며 사는 것이 몹시 힘들면서도 그것을 해결하고자 아무 일도 하지 않는 것입니다.

보영

보영은 20세 대학생이고 4남매 중 막내입니다. 아버지는 목사였습니다. 보영은 공부를 잘했고 피아노에도 재능을 보였기 때문에, 부모님으로부터 귀여움을 받고 자랐습니다. 16세에 거식증이 생기고 거의 죽을 지경까지 신체 상태가 나빠졌을 때, 부모님은 자신들이 비난받는 것처럼 참담한 심정이었습니다. 그렇지만 보영이의 폭식 증상을 이해하거나 용인하는 것은 자신들에게 더 어려운 일로 생각되었습니다. 보영이가 식구들 모두 잠든 밤에 냉장고를 뒤지는 것이 가족들에게는 탐욕과 신앙심 부족으로 보였습니다.

"매일 엄마와 소리 지르며 싸웠어요. 제가 병이 나기 전에는 대화로서 문제를 해결하려고 노력하는 평화로운 가족이었어요."

보영은 섭식문제로 인해 부모님과의 관계가 파괴되고 있다고 생각했습니다. 그래서 작은 원룸을 얻어 독립했습니다.

"따로 살게 되면서 부모님과의 관계가 개선되기 시작했어요. 아버지는 내가 집을 수리하는 것을 도와주셨어요. 나는 장에 가서 무엇을 얼마나 사야 하는지를 전혀 가늠할 수 없었기 때문에 엄마는 일주일에 한 번 저와 함께 장을 보러 가기로 했어요. 점차 부모님과의 상처가 아물기 시작했어요. 주말마다 집에 가서 부모님을 만나요. 일요일 저녁에 원룸으로 다시 돌아올 때면 외롭고 슬프지만, 우리 가족 모두를 위한 최선의 해결책이었다고 생각해요."

한집에 사는 것의 장점과 단점을 손익계산서로 작성해 보세요.

• 집을 나가야겠다는 생각이 든다면, 조심스럽게 대안을 생각해 보세요. 혼자 사는 것은 섭식장애 문제를 악화시킬 수도 있습니다. 방을 함께 쓸 친구가 있습니까?

친구

●

섭식장애 환자는 다른 사람을 신뢰하는 것이 어렵습니다. 전에 인간관계에서 실망한 적이 있다면 더욱 그렇습니다. 당신 자신이 친구들이 믿고 의지하는 사람이 되는 것이 어려울 수 있습니다. 친구를 만나면 무언가를 먹게 될까 봐 약속을 취소하는 경우도 있습니다. 식사 자리에 가는 것이 너무 두렵기 때문에 파티나 회식 모임을 피할 수도 있습니다. 어쩌면 당신이 세상과 너무 동떨어져 있다고 느끼기에 당신이 무엇 때문에 힘든지 이해를 못해 주는 친구들을 만나는 것은 의미가 없다고 느낄 수 있습니다. 몇 차례 피하다 보면 점점 더 위축되고 고립됩니다. 당신에게 병이 있다는 걸 모르는 친구들은 당신의 무책임한 태도에 질려 버릴 것이고 당신의 행동을 이해하기 어렵다고 생각할 겁니다.

상황을 개선시키는 한 가지 방법은 당신의 섭식문제에 대해서 친구에게 털어놓고 이야기를 하는 것입니다.

친구의 도움

친구는 부모보다 이야기하기 훨씬 쉬울 때가 많습니다. 이야기하기 전에 친구가 어떻게 반응할까 생각해 보세요.

- '내가 솔직히 털어놓는다면 친구들은 나와 친하게 지내고 싶지 않을 것이고, 나를 좋아하지 않을 거야.'라는 생각이 든다면, 과연 그 생각이 맞는지를 당신 스스로에게 물어보세요. 당신의 두려움 때문일 가능

성이 많지 않습니까? 친구가 긍정적으로 반응하지 않을 것이 확실하다면 그와 친구 할 가치가 있는지를 다시 생각해 볼 필요도 있습니다.

- **"동정은 하지만, 이해하지는 못해."**라고 친구가 대답한다면 당신이 겪는 어려움에 관해 제대로 알려 줄 필요가 있을 것입니다. 이 책을 읽어 보라고 주는 것도 좋습니다.

- **'친한 친구가 섭식장애를 앓고 있는 나를 나쁘게 생각하지는 않겠지만, 아직은 친구에게 털어놓을 수 없다.'**면, 왜 자신 있게 이야기하는 것이 어려운지를 생각해 봐야 합니다. 무엇을 잃을까 봐 두려운가요? 회복의 과정에는 문제를 혼자 고민하지 말고 속 시원하게 털어 버려서 짐을 나누고 다른 사람들이 지지와 도움을 줄 수 있게 하는 것도 포함됩니다. 문제를 친구에게 솔직히 말하기 어렵다면, 치료에 대한 동기가 굳건하지 않다는 것을 의미하기 때문에 동기변화가 먼저입니다.

오래전에 당신의 병에 대해서 친구들에게 이야기했으나, 지금까지도 이로 인해 친구들과의 관계에 영향을 받고 있다면 다음에 관해 자신에게 물어보아야만 합니다.

- 당신은 우정을 지속시키고자 어떤 노력을 했나요? 아니면 누군가가 먼저 당신에게 전화하기를 항상 기다립니까? 누군가와 사귀는 것은 두려운 일입니다. '나는 다른 사람을 필요로 하는 것처럼 보이고 싶지 않아.'라고 생각할 수 있습니다. 당신을 불쌍히 여겨 친구들이 만나 주는 것이라는 생각 때문에 두려워할 수 있습니다. 우리 모두는

독불장군으로 사는 것이 아니라, 다른 사람에게 의지하며 살아간 다는 걸 기억하세요. 다른 사람을 필요로 하고, 친구를 원한다는 걸 인정하는 것은 나약함이 아니라 진정한 힘이고 용기입니다.

- 다른 사람으로부터 전화가 오면 어떻게 느낍니까? 그 사람이 당신을 필요로 하니 나약한 사람이란 생각부터 듭니까? 그건 확실히 아니지요.

친구 사귀기

고립, 외로움, 거절에 대한 두려움은 사람 사는 세상에 늘 있습니다만, 폭식증 환자에게는 정말 흔한 문제입니다. 사람들이 다른 사람에게 인기를 끌려는 단순한 의도를 가지고 다이어트를 시작하기 때문에 이런 문제는 섭식장애의 의도하지 않은 결과입니다. 그러나 폭식증이 한번 생기면 대개는 대인관계가 나빠집니다. 그래서 이미 친구들의 일부 혹은 전부와 관계가 단절되어 버렸거나 점차 그들과 멀어지게 되었을지 모릅니다. 오래된 우정에 다시 불을 붙일 수 없다면, 새로이 친구를 사귀어 봅시다.

새로운 친구를 사귀는 데 도움이 될 몇 가지 지침

- 인내심이 있어야 합니다. 처음부터 너무 기대를 하지 않는 것이 좋습니다. 짧은 기간에 깊은 우정을 쌓지는 못합니다. 그렇지만 당신이 좋은 감정을 느끼는 사람들과 주기적인 만남을 가질 수는 있을 겁니다. 혼자 집에서 괴로워하는 것보다는 그 편이 백배 낫습니다.
- 너무 고르지 마세요. 최고의 친구가 될 것이라고 생각되지 않더라도 나가서 만나세요. 첫째는 당신의 선입관이 틀렸을지 모르고, 둘

째는 그들이 당신에게 다른 친구를 소개할 수도 있습니다. 당신이 친구들의 손을 잡기 시작할 때 인생에는 놀라운 반전이 일어날 수 있습니다.

- 거절을 예상하세요. 긍정적인 대답은 당신이 사람들에게 무언가를 함께 하자고 여러 차례 요청한 후에 생기기 마련입니다. 몇 번의 거절에 낙담하기도 하고, '누구도 나를 좋아하질 않아'라는 생각이 들 수 있습니다. 어떤 사람과 함께 시간을 보낼 수 없는 경우에는 수많은 이유가 있을 수 있습니다. 그중 대부분은 당신과 상관없는 이유일 것입니다. 바쁘거나, 피곤하거나, 다른 약속이 있거나, 다음날 시험이 있기 때문에 상대의 요청을 거절했던 당신의 경우를 생각해 보세요. 대부분의 사람들은 요청에 응할 수 없는 경우라도, 함께 하자는 요청을 받는 것을 좋아합니다.

- 사람을 만나려고 문화센터 강좌에 참가한다면 수업시간 외에는 사람들을 만나기 어려운 강좌가 있는 반면, 다른 사람들을 사귀게 될 가능성이 아주 높은 강좌도 있습니다. 예를 들어, 토플 준비반보다는 꽃꽂이반이 잡담이나 대화하기가 훨씬 쉽습니다.

- 컴퓨터의 온라인망은 생각이 비슷한 사람끼리 모임을 만드는 데 도움이 됩니다. 당신처럼 폭식증 회복기에 있는 사람이나 당신의 집 근처에 사는 사람들이 만든 카페나 블로그에 참여할 수도 있습니다. 그들에게 같이 공원에 산책을 가자고 하거나 찻집에서 커피 한잔하자고 제안할 수도 있습니다.

다음은 사람들을 만날 수 있는 방법의 목록입니다. 가능성이 있는 것을 추가해 보세요.

- 구민회관 강좌
- 문화센터 강좌
- 체육센터나 스포츠 클럽
- NGO(환경단체, 엠네스티, 그린피스 등)
- 종교활동
- 차 한잔하자고 이웃을 초대하기
- 직장동료 초대하기
- 섭식장애를 돕기 위한 자원봉사 기관에 참여하기

성적 관계

●

많은 사람에게 성적 관계는 예민한 부분입니다. 당신은 아마 행복하지 못한 부모를 보며 성장했을지도 모릅니다. 어린 시절 성적 학대를 받았거나, 성인이 되고 좋지 않았던 성적 경험이 있을 수 있습니다. 이런 경험들은 성적 관계에 대해 의심하고 경계하는 태도를 갖게 하거나, 또는 자신이 귀중한 사람이 아니라고 느끼게 만들 수 있습니다. 그래서 사랑 없는 파괴적인 성관계로 빠져들어 자존심에 더 큰 손상을 입을 수 있습니다. 당신이 어느 유형이건 간에 그러한 태도를 바꾸는 데에는 시간이 필요합니다.

성생활에 대한 두려움

육체적인 관계를 맺어야 한다는 생각이 당신을 두렵게 만들지 모릅니다. 성관계는 어떤 사람과 아주 가까워진다는 의미이기 때문에 아마 보통 사람도 비슷한 두려움을 가지고 있을 겁니다. 또는 자신의 몸에 대해 아주 부정적으로 생각해서 남이 자기를 만지는 것이 참을 수 없기 때문일 수 있습니다. 혹은 성을 금기시하는 가족에서 성장했거나 학대의 경험이 있을 수도 있습니다.

시연

시연은 16세에 섭식장애가 생긴 현재 26세의 교사입니다. 시연은 지금까지 남자친구를 사귄 적이 없는데, 연애를 해 보지 못한 것을 후회했습니다.

"누군가와 가까워진다는 것을 견디기가 두렵지만 동시에 절망적일 정도로 외롭기도 해요."

시연은 남자같은 여자들과 어울렸으며 그중 한 사람과 같이 자취하였습니다. 룸메이트는 그녀의 가장 가까운 친구였고 섭식장애를 극복하는 데 많은 도움을 주었습니다. 섭식장애 치료과정 중에는 그녀와의 우정이 안정감을 주고 위로가 되었으나, 회복이 된 후에 보니 그녀와의 관계에는 한계가 있다는 것과 다른 사람을 만날 기회를 적게 만든다는 것을 알게 되었습니다. 시연은 친구를 떠나는 것이 두려웠으나 결국 그렇게 하는 것이 상황을 개선시키는 유일한 방법이고, 그렇게 해야 이성을 만날 수 있는 기회가 생길 것이라고 생각했습니다.

당신이 육체적인 접촉을 두려워한다면 다음과 같이 하세요.

- 시연처럼 남자를 만날 기회를 완전히 포기하고 숨어버린 건 아닌지 자신에게 물어보세요. 그러한 두려움을 극복하길 원한다면 당신의 생활방식을 바꿀 필요가 있을지도 모릅니다.
- 성에 대한 두려움이 무지로 인한 것이라면, 올바른 지식을 갖기 위해 교육을 받아야 합니다.
- 애인이 있다면 당신이 성에 대해 느끼는 감정을 그와 솔직하게 상의할 필요가 있습니다.

잘못된 만남

아마 잘못된 만남이 반복될 수 있습니다. 처음엔 호감이 가고 끌렸으나 반복적으로 관계가 잘못되는 겁니다. 관계를 잘 만들어 보려고 최선을 다해 보지만 뜻대로 되지 않습니다. 당신이 좋아하는 특징을 가진 사람을 찾아내고 마음이 끌렸지만, 당신이 믿는 소중한 가치에 대한 생각이 다르다면 두 사람의 관계는 잘못된 방향으로 가게 됩니다.

수영

수영은 치장에 관심이 많은 여성으로 모든 돈을 디자이너 의류와 화장품을 사는 데 썼습니다.

"남자들은 나를 단지 섹시한 여자로만 봐요."

그녀가 사귄 많은 남자친구들은 대개 잘생긴 호남형이었습니다.

"남자친구와 나이트클럽에 가면 사람들은 우리를 부러운 듯이 쳐다보곤 해요. 나는 우쭐해지고 그간 투자한 가치가 있다고 생각해요."

남자친구들은 수영을 차지하려고 서로 간에 질투를 하기도 했습니다. 수영은 처음에는 이를 즐겼으나 점차 이런 일들이 짜증나고 무섭다는 것을 알게 되었습니다. 한 명은 질투심에 그녀를 때렸고 다른 한 명은 나이트클럽에서 난동을 부려서 쫓겨나기도 했습니다.

"나는 왜 늘 같은 유형의 남자에게 호감을 가질까 하고 종종 스스로에게 물어보지만. 왜 그런지 아직도 모르겠어요. 좋은 사람이라도 외모가 멋있지 않으면 끌리지 않아요."

잘못된 만남이 반복된다면 자신에게 물어보세요.

• 그런 유형의 사람에게 끌리는 이유가 무엇인가요?
• 그 사람을 선택하고 나서 어떤 느낌이나 생각이 드나요?
• 당신의 부족한 면을 가진 사람에 끌리나요?
• 당신의 섭식장애 증상에 맞추어 주는 사람에게 끌리나요?

당신의 행동양상을 바꾸는 건 어려울 겁니다. 변화의 첫걸음은 문제를 인식하고 인정하는 것임을 기억하세요.

난잡한 성관계

잠깐의 잘못된 판단으로 여러 사람과 성적인 관계를 경험하는 경우가 있습니다. 이런 유형의 행동은 섭식장애 환자에게는 문제가 될 수 있습니다.

희주

희주는 26세의 여성입니다. 한 명을 꾸준히 사귀어 본 적이 없습니다. 십대 이래 여러 사람과 짧게 사귀었습니다. 그러나 어느 경우도 서너 달을 넘기지 못했고, 우연히 만나 단 하룻밤을 같이 지낸 것도 몇 차례였습니다.

"인간관계를 시작하는 것은 쉽고 처음에는 상대가 누구든 그 사람에게 빠져 버려요. 하지만 그 감정은 빨리 변해 버리네요. 곧 권태로워지고 다른 사람을 찾게 돼요. 술에 취해서 단 하룻밤 관계를 가진 적도 몇 차례 있었는데 후회되고 잊고 싶은 경험들이에요."

미연

31세의 미연은 아주 어려서 부모님이 헤어졌기 때문에 아버지를 본 기억이 없으며, 어머니는 알코올중독자였습니다. 어려서 외갓집에서 자랐는데 동네에서 아빠 없는 아이라고 놀림을 당했습니다. 13세 때 동네 소년들에 의해 강간을 당했고 너무나 두려워서 아무에게도 말하지 못했습니다. 미연은 가출하여 19세에 매춘부가 되었고 현재는 무직이고 두 아이와 살고 있습니다. 피임

법을 사용해 본 적이 없습니다. 모두 열두 번 임신하였고 다섯 번의 사산과 다섯 번의 유산 경험이 있습니다.

성생활의 파트너를 자주 바꾼다면, 왜 그러는지를 스스로에게 물어보세요.

- 새로운 파트너를 만나면 자극이 되고 이끌립니까? 그와의 만남과 성생활이 금지된 위험한 일을 할 때처럼 전율과 스릴을 느끼게 합니까? 그렇게 하는 것 외에는 삶에서 자극이나 흥분을 줄 수 있는 것이 없습니까?
- 난잡한 성행위는 때로 극도로 낮은 자존감의 결과일 수 있습니다. 자신이 아무것도 아니라고 생각하여 자포자기의 심정으로 자신을 내던져 버립니까? 아니면 여러 사람에게 관심과 사랑을 받을 만한 괜찮은 사람이라고 느끼기 위해서입니까? 어떤 이유에서건 그렇게 할 경우 장기적으로는 자신을 더 형편없고 부정적으로 느끼게 됩니다.
- 성관계를 가질 때 대개 술에 취해 있습니까? 왜 그렇게 하는지요?
- 상대를 기쁘게 하기 위해 성관계를 이용합니까? 이것이 그의 인정과 사랑을 얻는 유일한 방법입니까?
- 난잡한 성생활의 이유가 무엇이건 간에 임신이나 성병으로부터 반드시 스스로를 보호해야만 합니다.

자녀

●

많은 섭식장애 여성들은 자신이 아기를 가질 수 있을 것인지, 임신하게 되면 어떻게 되는지, 태아에게 해가 되지는 않을지 걱정합니다. 이 부분에 대해서 가장 많이 하는 질문에 대해 생각해 봅시다.

임신할 수 있을까요?

거식증 여성의 경우 대개는 극저체중의 영향으로 수태능력이 현저히 감소합니다. 폭식증 환자는 수태능력에 덜 영향을 받습니다. 그러나 일부 연구에서 보면 폭식증 여성에서 자연수정이 어려워서 인공수정을 하는 비율이 높다는 결과도 있습니다. 거식증이건 폭식증이건 일부 여성은 불규칙한 월경이나 무월경 상태에서도 임신이 된 경우도 있습니다. 그렇지 않은 여성보다 폭식증 여성에서 피임 실패나 피임 지식 부족으로 계획하지 않은 임신이 좀 더 흔하다는 연구도 있습니다.

태아에게 해가 되지 않을까요?

* 임신하기 전까지 섭식장애를 극복해서 현재 건강한 체중 상태에 있고 정상적인 식습관을 갖고 있다면 전혀 걱정하지 않아도 됩니다.
* 임신 중에도 굶거나 다이어트를 계속한다면 아기는 미숙아나 저체중이 될 위험이 있습니다. 미숙아나 저체중 태아는 병에 대한 저항력이 떨어질 것입니다. 폭식, 구토나 하제 남용이 태아에게 어떤 영향을 주는지는 아직 잘 모릅니다.

임신 중 섭식장애는 어떻게 될까요?

많은 섭식장애 여성에서 임신 중에는 증상이 호전됩니다. 일부의 임신한 섭식장애 환자들은 많은 경우 태아에게 해를 주지 않겠다는 소망이 강하기 때문에 임신한 동안은 증상을 통제할 수 있습니다. 다른 일부는 임신 중에 일어나는 체형 변화나 체중 증가를 당연시하는 경향이 있어 먹는 것에 너그러워집니다. 그렇지만 출산 후에는 원 상태로 돌아가는 경우가 많습니다. 그 이유는 복잡합니다. 원래의 체형으로 돌아가고 싶은 마음, 수면 부족, 부모역할 스트레스가 관여할 수 있습니다. 모유수유와 이로 인해 잘 먹어야 한다는 생각 때문에 걱정이 되고 이런 것들을 잘 조절할 수 없다고 느낄 수 있습니다.

따라서 임신을 계획하고 있다면 먼저 섭식장애를 해결하기 위해 노력하는 게 우선입니다. 폭식 증상이 있는데 임신이 된 걸 알았다면 태아에게 위험성이 많은 임신 초기의 약 3개월 동안 증상이 악화되지 않도록 대비합니다. 위험성이 높은 이 시기에 어떻게 도움을 받을지 남편, 가족, 친구, 의사와 상의하세요.

장미

장미는 폭식할 때마다 약 100알 정도의 하제를 먹었습니다. 하제의 효과는 대단했습니다. 심한 복통과 엄청난 설사를 유발했습니다. 결혼 후 임신이 되었고 아이를 낳기로 결정했습니다.

"임신 사실을 알게 되자 하제를 쓰지 말아야 한다고 생각했습니다. 임신 중 딱 한 번 과식했을 때 신중히 생각할 겨를도 없이 순간적으로 하제 몇 알을 복용했습니다. 태아에게 해가 가지 않았을까 너무 걱정이 되어 그 후 임신기간 내내 하제에 손을 대 본 적이 없습니다. 저는 지금 6개월 된 귀여운 아들이 있어요. 아기는 제 인생을 변화시켰어요. 저는 모유를 먹이고 있고 하제는 전혀 사용하고 있지 않습니다. 그러나 더 이상 모유를 먹이지 않아도 될 때가 오면 다시 옛날로 돌아갈 가능성이 높지 않을까 걱정하고 있어요."

임신해서 체중이 증가하면 어떻게 하죠?

임신 중 체중이 늘 거라는 예상에 당신은 겁을 먹을 수 있습니다. 섭식장애가 있든 없든 많은 여성이 출산 후에 몸매가 예전으로 돌아갈 수 있을지 걱정합니다. 우리의 치료 경험에 의하면 섭식장애가 있는 엄마도 임신으로 인한 체중과 체형 변화에 대해 섭식장애가 없는 보통 엄마처럼 다양한 반응을 보입니다. 일부는 체중 증가를 잘 견디고, 또 어떤 사람들은 매우 비대해졌다고 느낍니다.

어떤 임신 관련 책들은 임신 시기별로 얼마만큼 체중이 증가하는지에 대해 매우 일방적이고 간단히 말합니다. 환자들은 자신의 체중 증가 궤적이 책에서 이야기한 것과 약간만 달라도 걱정을 하고 이상하다고 느낍니다. 정상체중 범위에 있다면 첫 3개월은 섭취 칼로리를 조금씩 늘려 갑니다. 다음 3개월은 하루당 350kcal씩 늘리고 마지막 3개월은 500kcal를 늘리도록 합니다.[3, 4]

나쁜 엄마가 되지 않을까요?

많은 섭식장애 여성들은 좋은 엄마입니다. 하지만 섭식장애를 가지고 아이를 양육하는 것은 병이 없는 여성에 비해 훨씬 힘이 듭니다. 엄마가 폭식증이 있을 때 아이와 함께 하는 식사시간에 갈등이 커진다는 연구도 있습니다.[5] 영아가 생후 몇 개월이 지났을 때부터 문제가 생깁니다. 식사시간에 일어나는 문제는 아이에게 빨리 먹이려 할 때 생길 수 있습니다. 그런 경우 아이는 괴로워 반항하게 되는데 이것을 엄마가 더 빨리 먹여야 하는 것으로 잘못 판단하면 아이는 더 스트레스를 받게 됩니다.

폭식증 엄마에게 이 과정을 찍은 비디오 영상을 보여 주기만 해도 아이에게 조급하게 먹이려는 시도가 줄고 그러면 아이의 스트레스도 상당히 준다는 연구도 있습니다.[6] 많은 엄마들은 아이가 음식을 엉망으로 만들거나 음식을 가지고 노는 것을 보는 게 너무 힘들다고 말합니다. 또 아이가 음식을 남길 때 어떻게 해야 하는지를 모르겠다고 합니다. 아이가 점점 커 가면서 폭식증 엄마에게는 식사시간의 사회적 측면(함께 식사를 하는 것, 즐겁게 식사를 하는 것 등)이 아주 어려울 수 있습니다.

영선

영선은 7세 딸을 데리고 혼자 살고 있습니다. 폭식 증상은 딸을 출산하기 전에 생겼습니다.

"딸아이와 같이 식사를 할 수가 없다는 게 많이 슬퍼요. 딸에게는 오직 나뿐이고 우리는 함께 식사해야만 하지요. 함께 식사를 한다는 건 제게 정말 어려운 일이에요. 딸에게 상을 차려 주고는 바쁘게 무언가를 해요. 아이가 식사를 마치면 상을 재빨리 치워 버리죠. 딸이 어릴 때는 저의 행동을 전혀 의심 없이 받아들였어요. 커 버린 지금은 왜 엄마가 자기와 함께 여유 있게 식사하지 못하는지를 알고 싶어 해요. 딸아이가 친구네 집을 방문했는데 가족 모두가 둘러앉아 함께 식사하는 것이 정말 보기 좋았다고 이야기한 적이 있어요.

또 한 가지 문제는 살림이 쪼들리고 있다는 거예요. 돈이 없어서 딸아이가 너무 갖고 싶어 하는 것을 살 수 없는 경우도 많이 있었어요. 제가 폭식에 너무 많은 돈을 허비하기 때문이에요. 그래서 딸이 갖고 싶은 것을 사 주지 못하는 것이 미안해요."

폭식증 엄마에게 문제가 되는 것은 비단 식사시간뿐만이 아닙니다. 섭식장애는 아이의 요구에 귀 기울여야 하는 부모의 역할(예: 함께 놀아 주기, 아이들의 요구에 한계를 긋기 등)을 수행하는 데 나쁜 영향을 줍니다.

채연

채연에게는 9세 아들과 5세 딸이 있습니다. 남편이 장거리 화물차 운전사라 오랫동안 집을 비울 때가 많기 때문에 거의 혼자서 아이들을 키워야 했습니다.

"두 아이 모두 상당히 힘든 아이들입니다. 아들 호재는 특히 행동을 통제하기 어렵습니다. 폭식하는 시기가 되면 기본적인 것을 제외하고는 아이들에게 무언가를 해 줄 여력이 없습니다. 부엌에서 몰래 마구 먹고 있는 동안 아이들이 몇 시간이고 TV를 보거나 게임을 하도록 내버려두기도 합니다. 그 시간엔 아이들에게 엄하게 할 수가 없다 보니 아이들은 평소보다 더 심하게 장난을 치지요. 폭식하지 않는 동안에는 죄책감에 아이들에게 많이 맞추어 주려고 노력해요. 함께 책을 읽고, 공원에 가고, 친구를 초대하게 하지요. 아이들이 말썽을 피우면 어떤 때는 그냥 넘어가지 않고 심하게 벌을 주고 혼내기도 해요. 이런 일관되지 못한 양육태도가 아이들에게 해가 되지 않을까 두려워요. 호재의 담임선생님은 아이가 학교에서 제멋대로 행동한다고 말했어요. 아무래도 소아정신과 전문의에게 상담을 받아야 할 것 같아요."

자녀가 있고, 섭식장애로 인해 아이에게 나쁜 영향을 줄까 걱정된다면 스스로에게 다음 사항을 질문해 보세요.

• 걱정이 되나요? 걱정하는 근거가 무엇입니까? '마냥 좋은 엄마'가 되려고 노력하고 있는 것은 아닌가요? 완벽한 엄마가 되고자 합니까? 10장에서 읽은 부정적 사고의 함정이 자녀 양육의 영역에서도 당신을 괴롭힙니까?

기본적으로 당신이 잘하고 있다고 생각하고 아이들이 구김살 없이 잘 크고 있다면 더 이상 읽을 필요 없습니다.

하지만 아직도 걱정이 남는다면 무엇이 걱정인지 일기에 써 보세요. 아이들의 식사문제, 행동, 감정 발달 같은 것들인가요? 한 아이는 문제가 없는데 다른 아이가 걱정이 될 수 있습니다. 무엇을 할 수 있을까요?

- 문제를 파악하고 해결방안을 생각하기 위해 2장에 설명된 문제 해결 방법을 이용해 보세요.

아이들의 식사문제가 걱정된다면 다음을 염두에 두세요
- 아이들의 식사를 제한하려 하지 마세요. 아이들은 자기가 얼마만큼 먹어야 할지 아주 잘 압니다.
- 섭식장애로부터 아이를 보호하겠다고 사탕을 완전히 금지하지 마세요. 금지하면 할수록 사탕에 대한 호기심은 더욱 커질 것입니다. 잘했을 때 상으로 사탕을 주고, 벌로 사탕을 주지 않는 행동을 하지 마세요. 그러면 아이들이 사탕에 지나치게 관심을 갖게 될 수 있습니다.
- 매일 과일이나 야채를 많이 먹게끔 하세요. 건강한 음식을 선호하는 엄마의 지침을 아이들이 따르지 않는다 해도 그리 걱정하지 마세요.
- 당신이 섭식장애와 싸우고 있다면 아이들 식사시간에 도움을 줄 수 있는 사람이 주변에 있나요?
- 나쁜 음식, 좋은 음식은 없습니다. 양과 비율이 중요합니다.

당신이 혼자서 아이를 키우고 있다면 또는 남편이 있더라도 거의 도움이 안 된다면, 그리고 당신과 남편 둘만으로는 아이들 문제를 해결할 수 없다면 조언을 구하세요. 도움을 구하는 걸 창피하게 생각하지 마세요! 도움과 조언은 당신과 아이들을 어려움에서 구할 수 있습니다. 가까운 친구 중에 자녀가 있는 사람이 있습니까? 그 친구에게 걱정을 이야기할 수 있습니까? 섭식장애 전문의도 당신을 도울 수 있을 것입니다. 이런 회복 도우미들이 당신에게 적합한 해결방법을 찾을 수 있도록 도와줄 겁니다.

보충자료

1. Treasure, J., Smith, G., & Crane, A., 2017. *Skills-based learning for caregivers of a loved one with an eating disorder: The new Maudsley method* (2nd ed.). Hove: Routledge. 김율리, 권젬마 공역, 2018(예정). 서울: 학지사.
2. The Succeed Foundation: http://www.succeedfoundation.org
3. Butte, N. F., et al. Energy requirements during pregnancy based on total energy expenditure and energy deposition. *American Journal of Clinical Nutrition*, 2004; 79: 1078-1087.
4. Forsum, E. Energy requirements during pregnancy: Old questions and new findings. *American Journal of Clinical Nutrition*, 2004; 79: 933-934.
5. Stein, A., et al. An observational study of mothers with eating disorders and their infants. *Journal of Child Psychology and Psychiatry*, 1994 May; 35(4): 733-748.
6. Stein, A., et al. Treating disturbances in the relationship between mothers with bulimic eating disorders and their infants: A randomized, controlled trial of video feedback. *American Journal of Psychiatry*, 2006 May; 163(5): 899-906.

14장.
직업 또는 할 일

급여를 받고 있든, 집안일을 하든, 공부를 하든, 자원봉사를 하든 간에 일과시간 동안에 할 일이 있다는 것은 삶에 있어 중요합니다. 자신에게 적합한 일이 있다면 그 일은 자존감의 중요한 원천이 됩니다. 그런 일은 기쁨, 도전과 자극, 성취감을 줄 수 있지만 실제로 자기 직업을 항상 좋게만 느끼는 사람은 거의 없습니다. 그러나 일이 자신에게 경제적 독립, 목적 의식, 일상의 생활을 준다는 사실에 감사해야 합니다.

섭식장애를 겪는 많은 사람들은 일을 하는 데 어려움이 많습니다. 이런 문제는 여러 가지 원인에서 비롯됩니다. 괴롭히는 상사, 과다한 업무, 주야간 교대근무, 낮은 급여, 동료와의 관계 또는 성희롱 같은 일이 직장에서 있을 수 있습니다. 때때로 폭식증 환자는 자존감이 낮거나 변화를 두려워하기 때문에 조건이 좋지 않은 직장에 입사해서 참으면서 일을 계속하기도 합니다. 문제는 직장에서의 착취 때문에 생기기도 하고 업무가 맞지 않아서 생길 수도 있습니다. 마지막으로, 섭식장애가 청소년기에 생겼다면 이 시기에 중요한 교육을 받고 공부할 기회를 병으로 인해 놓치게 됩니다. 그러면 자신의 잠재역량을 충분히 키울 수 없게 되고, 자신의 능력에 비해서 초라한 일을 하게 되거나 나이가 들어서 뒤늦게 학업을 계속하게 되기도 합니다.

흔한 문제들

●

무직

직업이 없거나 실직한 데에는 여러 가지 이유가 있지만 그 원인 중 하나가 섭식장애일 수 있습니다.

승주

승주는 19세이고 어릴 때부터 간호사가 되고 싶어 했습니다. 간호학원을 마치고 간호조무사로 취직했을 때 뛸 듯이 기뻤습니다. 그렇지만 상상했던 것과 전혀 달랐기 때문에 얼마 후 그만두었습니다. 부모는 승주의 결정을 나무랐고 쉽게 포기하지 말았어야 했다고 말했습니다. 승주는 부모님을 기쁘게 하고 돈을 벌기 위해 음식점에서 아르바이트를 했습니다.

"주변에 널려 있는 음식을 참을 수 없었기 때문에 그 일 또한 그만두었어요. 음식이 조금씩 없어진다는 것을 주인이 눈치채기 시작했거든요."

그러고는 디자이너숍에서 점원으로 일을 시작했습니다.

"그곳은 모든 사람들이 다 날씬했고 외모에 신경을 많이 썼어요. 그런 환경을 견디기가 어려웠어요. 전날 밤에 폭식을 한 경우에는 더욱 힘들었지요. 뚱뚱하고 비참하다는 느낌을 지울 수가 없었어요. 결국엔 그 일도 그만두었어요."

두 달간 집에서 보냈는데 섭식장애는 더욱 나빠졌고 엄마로부터 지속적으로 비난과 성화를 받아야 했습니다. 주기적으로 구인센터에 갔으나 더 이상 면접에 응하지 못했습니다.

"전 자신감을 완전히 잃어버렸어요."

직업이 없고 다시 시작하는 것이 두렵다면, 다음 사항을 생각해야만
합니다.

- 직업이 없으면 정해진 일과가 없고 권태감으로 인해 섭식장애가 악
  화됩니다.
- 섭식장애가 너무 심해서 종일 근무할 수 없다고 느낄 수 있습니다.
  정규직 직원으로 일을 하는 것이 어렵다면, 자신감을 얻기 위해서
  파트타임 일이나 자원봉사라도 하는 것이 낫습니다.
- 일을 안 하는 것은 원하는 직업을 못 구해서라고 말할 수 있고, 자
  신에게 맞는 일을 찾기 위해 노력하고 있다고도 할 수 있겠지만,
  자신에게 정직해야 합니다. 원하는 적합한 직업을 찾을 가능성이
  정말 있는지에 대해 스스로에게 물어보세요. 아마 단지 핑계에 불
  과할 수 있습니다.
- 면접을 보는 것이 두렵다면, 이 문제를 도와줄 사람이 있습니까? 면
  접 상황을 역할놀이하는 것이 유익할 것입니다. 함께 역할놀이를
  할 만큼 신뢰할 만한 사람이 없다면, 면접에서 받을 질문의 목록을
  작성해 보세요. 실직기간을 어떻게 설명할지 곰곰이 생각하세요.
  각 질문에 대한 답을 준비하세요. 그리고 혼자 큰 소리로 연습하세
  요. 유창하고 자신감 있게 들릴 때까지 수차례 연습을 반복해야 합
  니다. 준비를 많이 할수록 성공할 가능성이 높아집니다.

적성에 안 맞는 일

당신의 적성과 기술에 맞지 않는 일을 한다는 것은 많이 괴로울 겁니다. 많은 섭식장애 환자들은 자신들이 일에서 성취해야만 할 기대 수준이 매우 높습니다. 달성하기 어려운 목표를 잡는 것은 어릴 때 부모님이 가졌거나 지금도 가지고 있는 높은 기대를 만족시키려는 소망의 결과일 수 있습니다. 높은 기대를 달성해야 부모의 인정을 받는다고 믿기 때문입니다. 혹은 공부를 잘하는 형제들과의 경쟁으로 인한 것일 수 있습니다. 당신은 최선이 아닌 성취를 무능력이나 실패와 같다고 여길 수 있습니다.

은경

은경은 학교 성적을 매우 중시하는 가족 분위기에서 성장했습니다. 아버지는 대학 교수였고 아버지와 두 오빠는 모두 서울대학교에서 학위를 받았고 은경도 그런 기대를 받으며 성장했습니다.

"우리 집에서 대학에 가지 않는다는 것은 생각할 수도 없는 일이었어요."

은경은 공부에는 도무지 관심이 없었습니다. 그리고 자신이 무엇을 원하는지도 알 수 없었습니다.

"대학에 입학해서 공부에 시간을 허비해야 한다는 생각은 나를 미치게 만들었어요. 나는 바로 사회로 나가 돈을 벌고 싶었지만 집안 분위기상 오빠들처럼 공부로 성공하는 것을 단념할 수 없다는 것을 알았지요. 가족들로부터 공부를 할 수 있는 시기에 하지 않으면 나중에 성인이 되어 후회하게 될 것이라는 말을 무수히 들었어요."

부모의 압력과 열심히 공부한 덕에 은경은 결국 여자사립대학에 입학해서 법학 공부를 시작했습니다.

"부모님은 나를 자랑스러워했죠. 그런 반응은 믿기 힘든 일이었어요. 모든 가족들이 내게 잘했다고 말했기 때문에 기뻤으나 내면으로는 혼란스러웠어요. 법률가가 되는 것을 단념할 수 없다는 것은 확실하지만 법학 공부를 하는 학교생활은 재미없었어요."

중학교 때 시작된 섭식장애가 대학에 가서 훨씬 심해졌다는 건 놀랄 만한 일이 아닙니다. 결국엔 대학을 중퇴했습니다. 그리고 큰 백화점의 의류구매 담당 직원으로 일을 시작했습니다. 은경은 자신의 일을 즐겼고 점차 능력을 인정받았습니다.

"아직도 당시에 나를 심하게 밀어붙여 인생을 낭비하게 한 부모님에게 화가 납니다. 내가 잘되라고 한 것이라는 것은 알지만 결국 모든 것을 망쳐 놓았어요."

반면, 주저하며 너무 낮은 목표를 세우면 처음에는 모르지만 그렇게 한 자신에 대해 화가 나고, 성취감을 못 느끼고, 일이 지루하다고 생각하게 될 수 있습니다.

예진

예진은 수년간 은행 내 전산부서에서 일했습니다. 열심히 일했고 인정도 받았습니다. 1년마다 있는 직무 평가에선 항상 상급자로부터 좋은 평가를 받았습니다. 그러나 늦게 입사한 다른 동료들이 먼저 진급을 했습니다. 그녀는 면접을 망칠까 봐 승진 시험에 응시하는 걸 너무 두려워했다는 것이 문제였습니다. 또한 폭식증 때문에 승진하면 지게 될 더 큰 책임을 견디지 못할 거라는 생각도 했습니다. 동시에 마음속에서는 자신보다 경험이 적은 후배에게 추월당하는 것에 화가 났습니다.

"이성적으로 생각해 보면 내가 그들보다 더 일을 잘할 수 있다는 것을 알고 있어요. 이런 상황이 계속되면 점점 더 견디기 어려울 거예요."

• 예진이 승진을 위해 어떻게 해야 할지를 적어 보세요. 2장을 다시 읽고 도움을 받으세요.

주혜

주혜는 영어를 전공한 총명한 여성입니다. 어릴 땐 아빠의 귀여움을 독차지했고, 아빠는 주희에게 경력을 잘 쌓는 것이 중요하다고 항상 강조했습니다. 아빠가 전공한 법 대신에 영어를 전공하겠다고 하자 아빠는 많이 실망했습니다. 졸업 후 몇몇 출판사에서 일했으나 섭식장애 때문에 잘할 수가 없었습니다. 그래서 임시직으로 일을 하다 말다 하였습니다. 주혜는 일이 따분했기 때문에 직장 생활이 즐겁지 않았습니다. 주혜는 막연히 방송 쪽에서 일을 하길 원했으나 자신이 없어 시도할 수 없었습니다.

"지원했다 실패할까 봐 두려웠죠. 그러면 전보다 더 나빠질테니까요. 만약 내가 다른 직업을 갖고자 노력한다면 가족들이 좋아하지 않을 것이라는 것을 알고 있고, 난 그런 상황을 감당할 수 없어요. 그래도 힘을 내서 모집공고를 보고 응시하려고 하면 과연 내가 해낼 수 있을지도 너무나 두려워져요. 제가 우유부단의 덫에 걸려 있다고 느껴요."

주혜는 섭식장애 치료를 위해 전문의에게 진료를 받았습니다. 임시직으로 일하면서 많은 시간을 허비해 온 사실과 그간의 경력에 비추어 방송 분야에서 자신이 원하는 직업을 갖는다는 것은 비현실적 소망임을 알게 되었습니다. 주혜는 TV 방송국 비서직에 응모하기로 결정했습니다. 왜냐하면 이 일은 하면서 자신의 관심 분야를 잘 살펴볼 수 있고 자신이 정말 한 발 가까이 가길 원하는지도 알 수 있게 해 줄 것이기 때문이었습니다.

- 당신이 주혜라고 상상하고 향후 직장을 결정하기 위해 문제 해결 방법(2장)을 이용해 보세요. 행복한 해결책에 도움이 되는 요인과 방해가 되는 요인을 적어 보세요. 취업이 당신을 불행하게 만든다면 문제 해결 전략을 적용하세요.

일 중독

어떤 사람은 깨어 있는 모든 시간을 일하는 데 바칩니다. 이런 생활을 정말로 즐겁게 생각하는 사람은 극소수입니다. 만약 당신이 그 극소수에 속한다면 더 이상 읽을 필요가 없습니다. 그렇지만 대부분의 일 중독자는 실패를 인정하지 않기 위해 지나치게 일에 몰두하거나 또는 완벽주의 사고('내 모든 걸 바치지 않는다면, 사람들은 나를 쓸모없는 사람으로 생각할 것이다.') 때문에 지나치게 일에 몰두합니다. 10장을 다시 읽으세요. 성공과 완벽주의를 위한 전력질주를 하는 근원이 어디에 있는지 생각해 보세요. 자신을 혹사시키면 섭식장애가 악화될 수 있습니다.

시연

시연은 회계사 견습생입니다. 시연은 하루 12시간씩 일을 하는 것을 당연하게 여기는 회사에서 일했습니다. 회계보고서 마감시간을 맞추기 위해서 주말에도 일을 해야 했고, 게다가 그녀는 회계사 시험공부도 하고 있었습니다. 시연은 일하면서 쉬어 본 적이 없습니다. 저녁에 집에 돌아오면 긴장을 풀기 위해 술을 몇 잔하고 그런 후엔 폭식을 하곤 했습니다. 더 이상 이런 생활을 계속할 수는 없다고 생각했습니다. 치료를 받으러 가는 것도 일을 빼고 가야 해서 어려웠습니다. 압박감의 일부는 자기 자신에서 비롯된 것이라는 것을 깨닫기까지는 시간이 걸렸습니다. 그녀는 동료들보다 더 열심히 일했습니다. 중간에 쉬지 않기 때문에 너무 피곤해서 업무에 집중할 수가 없어서 업무 효율이 낮았습니다. 그래서 다니는 병원에서 하루에 세 차례 휴식시간을 갖고 휴식시간에 간식을 먹도록 치료적 조언을 받았습니다.

"쉬면서 하는 것이 무척 어려웠어요. 휴식 없이는 더 이상 일을 할 수 없다고 거듭 자신에게 말해야만 했지요. 항상 휴식 없이 계속 일해야 할 것 같은 충동이 있었어요."

시연이 휴식시간을 갖는 것을 일상화하면서, 훨씬 더 효율적으로 일을 하게 되었고, 그녀는 다시 일을 즐길 수 있게 되었습니다. 저녁 때마다 있던 폭식 증상도 점차 감소했습니다.

일 중독자처럼 열심히 일하는 것은 지나친 책임감이나 의무감의 결과일 수 있습니다.

인홍

인홍은 맏딸입니다. 수년 전 부모님은 작은 식당을 개업하고 정말 열심히 일을 하셨습니다.

"당신들보다 자식들이 더 나은 삶을 살게끔 해야 한다고 항상 말씀하셨지요."

인홍은 간호사로 일하면서 부모님과 함께 살았습니다. 부모의 헌신에 대한 보답으로써 부모님을 도와야만 한다고 느꼈고, 쉬는 날이면 항상 식당 일을 거들었습니다. 그렇게 하다 보니 간혹 시간이 생겨도 피곤해서 외출할 수 없었고 대신 자거나 폭식했습니다. 여동생들은 부모님을 거의 안 도왔습니다. 바로 아래 동생은 대학생이었는데 자기는 너무 바빠 도울 수 없다고 말했고 막내는 친구들과 놀다가 늦게 들어오곤 했습니다.

"동생들이 정말로 이기적이라고 부모님은 내게 불평했습니다. 저녁이면 동생들은 핑계를 대고 빠져나가고 부모님을 도와야 하는 모든 일은 나에게 떨어졌습니다."

인홍은 부모님을 배반하는 것 같아서 자신이 하고 싶은 대로 할 수 없다고 느꼈습니다.

일을 많이 하는 습관이 있다면, 당신의 의무와 원하는 것 간의 균형에 문제가 있는 것입니다. 8장을 다시 읽어 보세요.

직업에 만족하나요?

당신의 직업이 불만스럽다면 1장의 폭식 손익계산서에서와 같은 방법으로 지금 직업의 긍정적인 면과 부정적인 면 모두를 써 보세요. 5년 뒤 어디에 있고 싶은지를 자신에게 물어보는 것도 좋습니다.

수진의 예를 생각해 봅시다.

수진

수진은 고등학교 졸업반 때 은행에서 인턴사원으로 일을 시작했습니다. 섭식장애는 이때 시작되었고 점점 생활이 불행해졌습니다. 다음은 그녀가 일을 계속할지를 고려한 손익계산서입니다.

1. 나에 대한 실질적 이득과 손실

- 긍정적: 수입이 있어서 좋다.
- 부정적: 일이 쉬워서 반복적이고 재미가 없다.
- 부정적: 뭔가를 자발적으로 솔선해서 할 기회가 주어지질 않는다. 이보다는 대학에 진학하는 것이 낫겠다.
- 긍정적: 계속 한다면 정규 직원이 될 기회가 있다.
- 부정적: 점점 더 컴퓨터화 되면서 감원될지 모른다. 다른 인턴은 수습기간에 탈락하기도 한다.
- 부정적: 집에서 멀어서 혼잡한 대중교통을 이용하느라 출퇴근에 세 시간을 허비한다. 그래서 저녁시간엔 아무것도 할 여유가 없다.

2. 다른 사람들에 대한 실질적 이득과 손실

- 긍정적: 부모님은 내가 은행에 취직해서 생활비를 보태 드릴 수 있어 좋아하고 계실 것이다.
- 긍정적: 아버지는 친구들에게 내가 은행에 다닌다고 자랑할 수 있을 것이다.
- 부정적: 더 이상 집안일을 도울 시간이 없다.

3. 나에 대한 정서적 이득과 손실(인정 혹은 실망)

- 부정적: 내가 하는 일이 사람들에게 대출을 권유하는 일이라 싫다.
- 부정적: 금융업종이 너무나 물질적이라는 사실이 화가 난다. 모든

것이 이윤추구를 위한 것 같다.

- 부정적: 사람들과 의사소통을 잘하는 내 장점을 쓸 기회가 없다.
- 부정적: 어떤 상상이나 창조적 생각도 할 수 없다.
- 긍정적: 은행에서 파트타임 일이 가능하다면 앞으로 결혼해서 아이가 있더라도 내 일에 복귀할 기회가 있을 것이다.

4. 다른 사람들에 대한 정서적 이득과 손실(사회적 인정 혹은 실망)

- 긍정적: 부모님은 은행에서 일하는 나를 자랑스러워한다.
- 부정적: 같이 연극을 했던 친구들은 내 일이 안정적이긴 하지만 재미가 없는 것 같다고 얕보는 편이다.
- 부정적: 고객이 불만이 있거나 화가 나 있을 때 상대해야 하는 것이 싫다. 현금 자동지급기가 고장났거나, 입출금내역이 부정확하거나, 창구에서 오래 기다려야 한다고 불평하는 고객을 항상 대면해야 한다.

당신의 직업에 대해서 긍정적인 것보다 스트레스, 어려움, 단점이 더 많다면 지금이 변화를 가져야 할 때입니다. 해결을 위해 여러 아이디어를 생각해 최선책을 찾는 것이 어떨까요?

직업에 대한 효과적인 결정을 하기 위해서 2장의 일곱 단계 문제 해결 방법을 밟아 보세요.

- 1단계: 현재 당신의 직업에 있어서 문제가 무엇인지를 구체적으로 정리하세요.
- 2단계: 하고 싶다고 생각하는 대안을 모두 써 보세요. 아이디어에

대한 검열과 삭제 없이 브레인스토밍을 해 보세요("아버지가 좋아하지 않을 거야." "실패할 거야."라는 목소리를 무시하세요). 엉뚱한 상상이나 우스꽝스러워 보이는 해결책이라도 상관없습니다. 2단계에선 질보다 양이 중요합니다. 이 같은 초기의 생각들은 나중에 조합하고 정리할 수 있습니다.

- 3단계: 당신이 생각해 낸 대안들의 장점과 단점을 쓰세요. 당신이 생각한 몇 가지 옵션은 실제로 그 일이 어떤 것인지를 알아내기 위해 조사할 필요가 있을 수 있습니다.

- 4단계: 가능한 옵션들을 우선순위 순서로 나열하세요.

이렇게 하면 원하는 것과 현실성 있는 것이 보다 더 명확해질 겁니다.

15장.
치료 종결

폭식증 스스로 치료하기를 끝까지 읽으면서 "어떻게 느꼈는지" 자신에게 솔직하게 물어보세요. 도움이 되었고 회복의 여정을 향해 나아갈 수 있었다면 잘 된 겁니다. 고된 일과 후에 휴식을 취하면서 느끼는 편안함을 즐기세요. 한편, 회복의 길을 향해 나아갈 때 닥칠 장애물에 대비하세요. 회복이나 호전은 문제가 완전히 없어지는 것을 의미하는 게 아닙니다. 그보다는 문제를 다루는 데 좀 더 준비가 되었다는 느낌, 용기가 생겼다는 느낌, 새로운 것을 시도해 볼 준비가 되었다는 느낌을 갖는 것이고, 새로운 각도에서 문제를 보는 것, 자신에 대한 믿음을 더 굳게 하는 것, 다이어트의 악순환을 벗어날 기술을 배우는 것, 폭식의 혼돈을 벗어나서 마음이 편안한 상태가 되는 것, 자신의 생각과 감정과 잘 소통해서 자존감을 높이는 것, 다른 사람을 돌보고 남의 마음에 들려고 끊임없이 노력하는 만큼 자신의 욕구를 어떻게 돌봐야 하는지를 배우는 것입니다.

여전히 폭식증으로 고생하고 있다면

●

변한 게 없고 아무것도 변하지 않을 거라 느낀다면 이 책을 적절히 사용했는지를 반문해 보세요. '폭식하듯' 급하게 읽어 버리고는 책이 도움이 되지 않다고 단언하는 건 아닌지요? 좀 더 천천히, 각 장별로 다시 읽을 필요가 있을 겁니다. 따분하고, 짜증나고, 지루하고, 어려워 보일 수 있습니다. 가장 성공한 사람은 실패를 직면했을 때 포기하지 않는 사람이라는 것을 기억하세요. 그렇다면 다시 시작하세요. '나는 내가 원하는 상태에 있으며, 내 자신이기에 편하다.'라고 느낄 때까지 꾸준히 노력하세요.

현실로 돌아올 시간

●

"책에 있는 여성들의 이야기와 내 경우는 똑같지 않아요. 내 문제는 달라요. 그것을 바꾸기 위해 아무것도 할 수 없어요. 단지 특별한 사람들만이 쉽게 해결할 수 있어요."라고 말할지 모릅니다.

그 생각이 옳을 수도 있습니다.

당신은 전문가의 도움이 필요할지 모릅니다. 하지만 아무리 훌륭한 의사가 도와주려 해도 당신의 책임이라는 것을 받아들이지 않고, 회복에 이르는 여정에서 생기는 어려움에 스스로 직면하지 않는다면 아무 소용이 없습니다.

특히 전에 치료를 받아 보았으나 도움이 되지 못했다면, 그때 받았던 치료가 당신에게 맞지 않았던 건 아닌지, 그때 아직 도움을 받을 준비가 되지 않았던 건 아닌지 스스로에게 물어보세요.

지나친 의무감에 힘든 생활

그간 아무런 변화도 없었던 이유는 일상생활에서 힘들고 어려운 것들이 너무 많이 계속되고 있었기 때문일 수 있습니다. 이 모든 것들을 마술처럼 한번에 해결해 버릴 수는 없습니다.

문제 해결에 대한 2장으로 돌아가서 다시 생각해 보세요. 당신이 필요한 욕구에 집중할 수 없도록 많은 시간과 에너지를 허비하게 하는 것이 도대체 무엇입니까? 대인관계? 일? 공부? 자녀들? 다음과 같은 식으로 생각해 보세요. 목수는 집을 짓기 전에 집터를 고르고, 재료를 구하는 것 같은 기초 작업을 해야만 합니다. 이런 치밀한 준비 없이 본격적인 집 짓기 작업은 불가능합니다. 당신도 계획을 세우고 준비를 하며 기초 작업을 할 필요가 있습니다.

형선

형선은 50세의 여교사입니다. 남편과 아들 둘과 함께 살면서 늙고 병드신 아버지를 돌보고 있습니다. 아버지가 괜찮은지 확인하기 위해 밤에 수차례 일어나야 했습니다. 그녀는 남편과 아이들이 협조적이라고 치료자에게 말했습니다만, 일상의 과로와 수면 부족으로 인해 그녀는 완전히 기진맥진한 상태였습니다. 3년 전 어머니가 돌아가시기 전에도 마찬가지로 그녀는 헌신적으로 어머니를 보살폈습니다.

형선은 하루에도 몇 번씩 폭식했고, 왜 이런 일이 일어나는지 알 수 없었습니다. 우리가 이 책을 그녀에게 주었으나 그녀는 자신의 문제는 책에 있는 사람들의 문제들과 다르다고 생각했습니다. 이 책에 나온 여성들은 젊고 자신과 비슷한 점이 별로 없다고 말했습니다. 자신은 구토 증상이 없는데도 구토하는 폭식증 환자 취급을 받는 것에 대해서도 화가 났다고 말했습니다. 섭식장애 전문의와 면담하는 과정에서 남편과 아이들이 그녀가 겪는 힘든 일들에 대해 동정적이기는 하지만, 실제로는 거의 도움이 되지 못한다고 말했습니다. 남편뿐 아니라 15세, 13세인 아이들은 집에서는 아무것도 하질 않았습니다. 형선은 자녀 방 청소, 식사 준비를 포함한 거의 모든 집안일을 해야 했으며 학교에 나가 학생들을 가르쳐야 했습니다. 그녀는 똑똑하고 박식했지만 폭식이 자신의 긴장과 스트레스를 해소시켜 주는 유일한 방법이라는 것을 인식하지는 못했습니다. 형선에게는 자신을 위한 시간이 없었고 계속적으로 의무감에 끌려 다녔습니다. 이 책을 읽는 것이나 치료를 받으러 오는 것을 도움이 되는 일이라기보다는 자신을 성가시게 하는 또 하나의 일이나 압박으로 여겼습니다.

> 당신이 형선과 어느 정도 비슷하다면, 인생을 변화시키고 섭식문제에 집중하기 위해 당신이 해야만 할 기초 작업이 무엇인지를 생각해 보세요. 희망은 언제나 있습니다. 지금 회복을 향한 여행을 떠나시겠습니까?

회복 : 자아발견을 향한 모험

●

오랫동안 섭식장애를 앓아 왔고 사고와 행동 패턴의 왜곡이 뿌리가 깊다면, 당신의 습관을 변화시키는 것은 미지의 세계로의 여행처럼 심한 불안을 일으키고 도전적일 수 있습니다. 또는 당신은 아주 조금의 변화로 인해 감당할 수 없는 일이 산사태처럼 덮칠까 봐 두려울지도 모릅니다.

우리는 당신에게 좌절하지 말라고 말하고 싶습니다. 어떤 문제이건 항상 해결책은 있습니다. 치료 동기를 높이고자 한다면, 온라인이건 오프라인이건 섭식장애를 겪는 사람들끼리의 회복을 위한 모임에 참여하는 것을 고려해 보세요. **폭식 스스로 치료하기**를 가지고 회복을 향한 자가 치료를 열심히 노력해 보았는데도 섭식장애가 지속되고 있다면, 회복의 여정을 제대로 시작할 수 있도록 섭식장애 전문의를 찾아 도움을 받을 필요가 있습니다.

16장.
섭식장애 치료 네트워크 및 참고자료

섭식장애와 관련된 지식은 이 병을 이해하고 극복하는 데 큰 자산이 됩니다. 여기에 있는 자료들은 원서에 있는 자료 중 일부를 추려서 실었고 한국에 있는 치료기관을 추가하였습니다. 여러분이 회복의 여정을 가는 데 도움이 될 것이며, 병에 대해서 좀 더 이해하고 도움을 받는 데 튼튼한 기초가 될 겁니다.

섭식장애 관련 단체 및 치료기관

●

한국

백상정신건강의학과의원 식이장애센터(http://www.npsepcialist.co.kr)

- 강남구 논현로 87길 41, 신일유로빌 208 – 1호
  전화: (02) 3452 – 9700
- 구로구 경서로 6 장미상가 2층
  전화: (02) 2686 – 6449
- 강서구 공항대로 426 VIP빌딩 4층
  전화: (02) 2696 – 0913

인제대학교 서울백병원 정신건강의학과 섭식장애클리닉(http://paik.ac.kr/eatingclinic)

- 서울시 중구 저동 2가 서울백병원 섭식장애클리닉

전화: (02) 2270 - 0063

모즐리회복센터 (http://www.eatingcenter.kr)

- 서울시 중구 삼일대로 299, 114호(충무로 2가, 성창빌딩)
  전화: (02) 775 - 1009

나눔신경정신과 식사장애 클리닉 (http://www.diet-clinic.com)

- 서울 서초구 방배동 910-14 청유빌딩 3층
  전화: (02) 588 - 2555
- 서울 관악구 남부순환로 1832 오선빌딩 9층
  전화: (02) 877 - 7104

마음과 마음 클리닉 (http://www.eatingdisorder.co.kr)

- 서울 서초구 강남대로 39길 6-21 낫소빌딩 2층
  전화: (02) 3472 - 9369

해외

- Academy for Eating Disorders (AED)
  www.aedweb.org
- Families Empowered and Supporting Treatment of Eating
  Disorders (F. E. A. S. T.)
  www.feast-ed.org
- Eating Disorders Mentoring (EDM)
  www.eatingdisordermentoring.org

- The National Eating Disorders Collaboration

  www.nedc.com.au

- National Eating Disorder Information Center (NEDIC)

  www.nedic.ca/

- Anorexia and Bulimia Care

  www.anorexiabulimiacare.org.uk

- Anorexia Carers

  www.anorxiacarers.co.uk

- Beat (Eating Disorders Association)

  www.b-eat.co.uk

- National Association of Anorxia and Associated Disorders (ANAD)

  www.anad.org

- National Eating Disorders Association (NEDA)

  www.nationaleatingdisorders.org

참고자료

●

한국

강희찬 역(2018). **거식증 가이드북**(개정판). Janet Treasure, June Alexander 공저. 경기: 아카데미아.

김율리, 권젬마 공역(2018). **섭식장애 자녀 회복시키기-신모즐리 기법**. Janet Treasure, Grāinne Smith, Anna Crane 공저. 서울: 학지사.

김율리, 전옥순(2013). **섭식장애의 치료 – 환자와 가족 그리고 치료자를 위한 지침서**. 서울: 학지사.

노진선 역(2003). **달빛 아래서의 만찬**. Johnston Anita 저. 서울: 넥서스 Books.

대한비만학회 행동요법위원회 편(2010). **(한국인을 위한) 비만 행동요법**. 서울: 대한비만학회.

이영호(2011). **식사장애**. 서울: 엠엘커뮤니케이션.

이은희, 기회란 공역(1994). **황금새장 속에 갇힌 소녀**. Hilde Bruch 저. 서울: 하나의학사.

임옥희 역(2006). **세상은 왜 날씬한 여자를 원하는가**. Knapp Caroline 저. 경기: 북하우스.

해외

Le Grange, Daniel & Lock, James (2007) *Treating Bulimia in Adolescents: A Family – Based Approach*. New York, NY: The

Guilford Press.

Agras, W. Stewart & Apple, Robin (2008) *Overcoming Eating Disorders, Second Edition: A Cognitive-Behavioral Therapy Approach for Bulimia Nervosa and Binge-Eating Disorder Therapist Guide.* New York, NY: Oxford University Press, Inc.

Alexander, June & Treasurs, Janet (2011) *A Collaborative Approach to Eating Disorders.* Hove: Routledge.

부록
식사일기

시간	섭취 내용	B	V	L	선행요인과 결과

B = 폭식, V = 구토, L = 하제

주간 점검표

금주의 일기 검토

잘한 점과 잘할 수 있었던 이유는 무엇인가요?

금주의 어떤 진전이 목표 달성에 미치게 했나요? 금주에는 목표 달성을 도운 어떠한 진전을 했나요?

어떻게 그러한 성과를 쌓을 수 있었나요?

잘 안 된 점과 잘 안 되었던 이유는 무엇인가요?

어떤 장애물이 생겼었나요?

이런 일이 재발하지 않도록 감소시키거나 예방할 수 있는 방법은 무엇인가요?

다음 주에 할 다음 단계는 무엇인가요?

[목표는 현실적이고 달성 가능할 것]

다음 주의 목표:

   1.

   2.

   3.

찾아보기

• 저자 소개

Ulrike Schmidt

정신과 의사로서 영국 런던대학교 킹스칼리지 섭식장애연구소를 이끌고 있다. 현재 런던 모즐리병원에서 매년 수백 명 이상의 섭식장애 환자를 치료하고 있으며, 섭식장애 환자와 보호자를 위한 효과적인 치료방식을 개발하여 영국 정부로부터 치료 혁신상을 수상하였다. 섭식장애 외에도 정신질환의 심리학적 치료에 관한 많은 연구논문을 발표하였다.

Janet Treasure

정신과 의사로서 30여 년 이상 세계적으로 섭식장애 분야의 연구와 치료 패러다임을 선도해 오고 있다. 현재 영국 런던대학교 킹스칼리지 교수로 재직 중이며, 모즐리병원 및 런던 남부 지역의 섭식장애 치료를 책임지고 있다. 국제섭식장애학회 지도자상 등 다수를 수상하고, 대영제국훈장(Order of the British Empire) 등을 수여받았다. 섭식장애에 관한 수백여 편의 혁신적인 연구논문과 환자, 보호자 및 치료자를 위한 다양한 책자와 DVD 등을 저술하였다. 영국 섭식장애 자조단체인 BEAT의 의학책임자(medical officer)이기도 하다.

June Alexander

11세에 섭식장애가 발병했지만 이 병을 극복한 이래 섭식장애로부터의 회복에 관한 글을 써 오고 있다. 호주 및 세계 섭식장애 단체들인 호주섭식장애연합(NEDC), 국제섭식장애학회(AED), 섭식장애가족단체(F.E.A.S.T.) 등의 활동을 돕고 있다.

• 역자 소개

김율리(Kim Youl-Ri)

연세대학교 의과대학 졸업 및 동 대학원 의학박사
연세의료원 정신과 수련
영국 런던대학교 킹스칼리지 섭식장애연구소 연구전임의
보건의료기술진흥유공자 보건복지부장관 표창
세계보건기구 국제진단기준(ICD-11)개정 실무위원
국제섭식장애학회(AED) 펠로우
현재 인제대학교 의과대학 서울백병원 정신건강의학과 교수
　　　모즐리회복센터 소장
[홈페이지] http://paik.ac.kr/eatingclinic
　　　　　http://www.eatingcenter.kr

강희찬(Kang Heechan)

서울대학교 의과대학 졸업 및 동 대학원 의학박사
서울대학교병원 정신과 수련
영국 레스터대학병원 식이장애병동 임상연구전임의
영국 모즐리병원 및 베들렘로얄병원 식이장애병동 연수
현재 백상신경정신과의원 식이장애센터 원장
　　　서울대학교 의과대학 정신과 초빙교수
　　　성균관대학교 의과대학 정신과 외래교수
[홈페이지] http://www.npspecialist.co.kr

폭식 스스로 치료하기 (원서 2판)

Getting Better Bite by Bite (2nd ed.)

신경성 폭식증, 폭식장애로 힘들어하는
여러분께 드리는 생존배낭

2018년 8월 20일 1판 1쇄 인쇄
2018년 8월 30일 1판 1쇄 발행

지은이 • Ulrike Schmidt · Janet Treasure · June Alexander
옮긴이 • 김율리 · 강희찬
펴낸이 • 김진환
펴낸곳 • (주)**학지사**

04031 서울특별시 마포구 양화로 15길 20 마인드월드빌딩
대표전화 • 02)330-5114   팩스 • 02)324-2345
등록번호 • 제313-2006-000265호

홈페이지 • http://www.hakjisa.co.kr
페이스북 • https://www.facebook.com/hakjisa

ISBN 978-89-997-1602-7 03180

정가 15,000원

이 도서의 국립중앙도서관 출판시도서목록(CIP)은 서지정보유통지
원시스템 홈페이지(http://seoji.nl.go.kr)와 국가자료공동목록시스템
(http://www.nl.go.kr/kolisnet)에서 이용하실 수 있습니다.
(CIP제어번호: 2018024195)

교육문화출판미디어그룹 **학 지사**

심리검사연구소 **인싸이트** www.inpsyt.co.kr
원격교육연수원 **카운피아** www.counpia.com
학술논문서비스 **뉴논문** www.newnonmun.com
간호보건의학출판사 **학지사메디컬** www.hakjisamd.co.kr